파우더 토이 (The Powder Toy) 로 배우는 과학 실험

초판 발행일 | 2022년 4월 25일
지은이 | 창의콘텐츠연구소
발행인 | 최용섭
책임편집 | 이준우
기획진행 | 최동진

㈜해람북스 주소 | 서울시 용산구 한남대로 11길 12, 6층
문의전화 | 02-6337-5419
팩스 | 02-6337-5429
홈페이지 | http://class.edupartner.co.kr

발행처 | (주)미래엔에듀파트너
출판등록번호 | 제2016-000047호

ISBN 979-11-6571-173-3 (13000)

KB219380

이 책의 구성

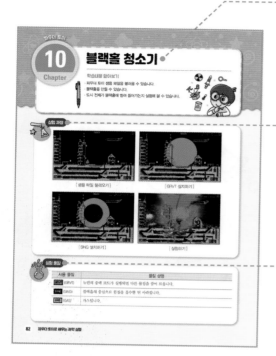

1 학습내용 알아보기

단원별로 학습할 제목과 배울 내용을 요약 정리하여 어떤 내용을 배울지 미리 확인할 수 있어요.

2 실험 과정

학습할 내용 중에서 가장 중요한 4단계를 수록해 실험 과정을 한눈에 볼 수 있도록 했어요.

3 실험 물질

실험에 사용될 물질이 무엇인지와 그 물질에 대한 설명 및 특징을 알 수 있어요.

4 TPT 실험실

파우더 토이 프로그램으로 어떤 물질을 이용해 실험을 할 것인지와 그 물질 반응으로 인해 어떤 현상이 일어나는지 실험을 통해 확인해 보세요.

5 알면 도움이 되는 과학의 원리

우리 주변에서 일어나는 실생활 속의 과학적 사례를 통해 알아두면 도움이 되는 것을 소개하고 있어요.

PLUS⁺

- 본 책자 맨 뒤에는 본문에서 자주 사용되는 물질에 대한 설명과 아이콘을 모아두었습니다. 학습할 때 도움이 되었으면 합니다.
- 이 책에서 사용된 파우더 토이 영문판 버전은 96.2입니다.

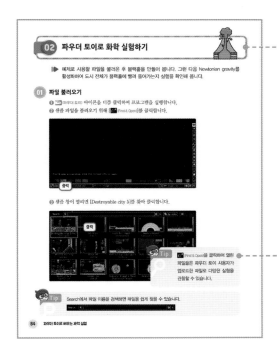

6 파우더 토이로 화학 실험하기

각 실험에 대한 세심한 내용 설명은 물론, 따라하기 형식의 예제를 차근차근 학습하며 단계별로 실력을 향상시킬 수 있어요.

7 Tip

본문에 미처 담지 못한 내용과 꼭 필요한 핵심 내용을 정리했어요. 꼭 확인해서 여러분의 것으로 만드세요.

8 내 맘대로 실험하기

앞에서 실험한 것을 토대로 좀 더 다양한 방법으로 혼자서 실험해보는 코너입니다.

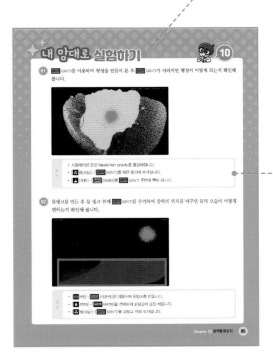

9 조건

실험에 사용되는 물질은 무엇이 있으며, 어떤 방법으로 실험할지 약간의 힌트를 제공해 주고 있어요.

차 례

00
Chapter

파우더 토이 설치하기

학습내용 알아보기
- 파우더 토이를 다운로드 할 수 있습니다.
- 파우더 토이를 실행할 수 있습니다.

01 파우더 토이 실행하기

▶▶ 파우더 토이를 다운받아 프로그램 설치 방법을 알아봅니다.

❶ 크롬()에서 파우더 토이(https://powdertoy.co.uk/) 사이트에 접속합니다.
❷ [Download Powder Toy] 버튼 아래 [Other Platforms]를 클릭합니다.
❸ [Other Downloads] 창이 열리면 컴퓨터 사양에 맞는 프로그램을 선택하여 다운로드합니다.

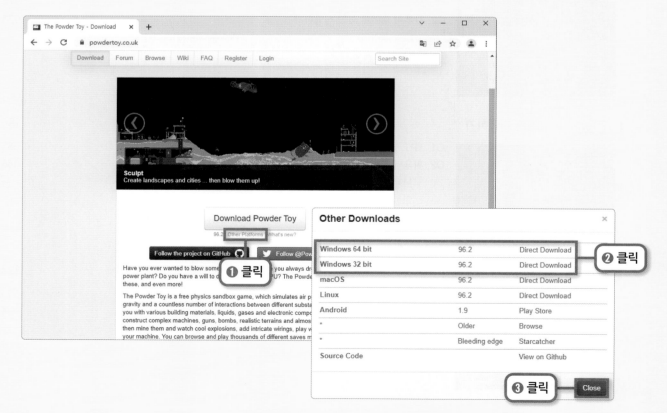

❹ 프로그램이 다운로드 되면 'powder.zip'을 선택한 후 마우스 오른쪽 버튼을 눌러 바로 가기 메뉴가 나타나면 ["powder₩"에 압축 풀기]를 선택합니다.

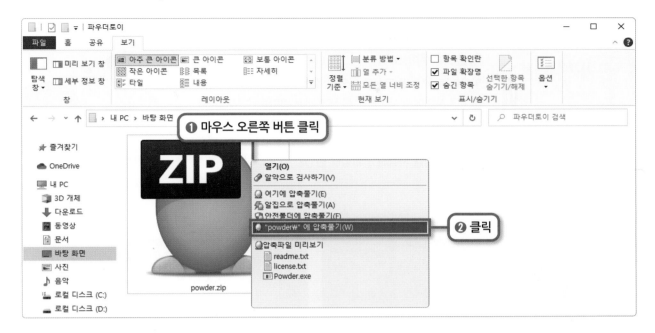

❺ 압축이 풀리면 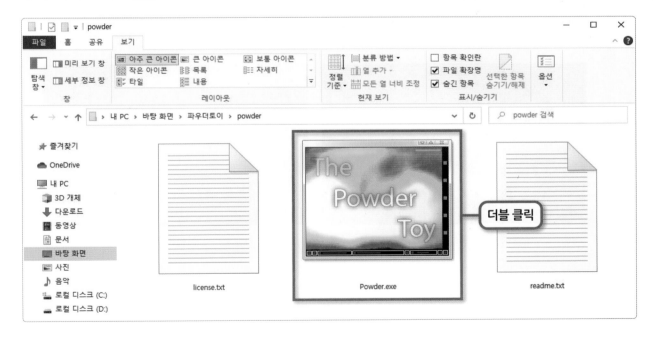 (파우더 토이) 아이콘을 더블 클릭하여 프로그램을 실행합니다.

01
Chapter

파우더 토이가 뭐야?

학습내용 알아보기

- 파우더 토이 화면 구성을 확인할 수 있습니다.
- 파우더 토이에서 제공하는 물질에 대해 알아볼 수 있습니다.
- 실험에 사용할 브러시 크기를 조절할 수 있습니다.
- 브러시 모양을 바꿔 그림을 그려볼 수 있습니다.
- 완성한 파일을 저장하고 실험을 진행할 수 있습니다.

실험 과정

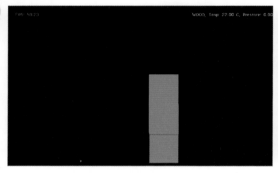

[나무 기둥 그리기]

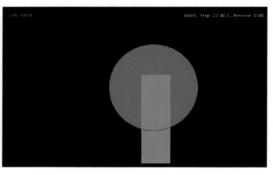

[나뭇잎 그리기]

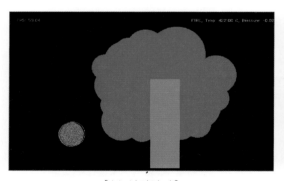

[불 설치하기]

[실험하기]

실험 물질

사용 물질	물질 설명
WOOD (WOOD)	나무입니다.
PLNT (PLNT)	풀입니다.
FIRE (FIRE)	불입니다.

01 TPT 실험실

▶▶ 파우더 토이 프로그램에 대해 알아보고, **WOOD** (WOOD)와 **PLNT** (PLNT)으로 나무를 그려 숲을 표현합니다. 그런 다음 **FIRE** (FIRE)로 불을 붙이면 숲에 어떤 영향을 주는지 실험해 봅니다.

산불이 나는 이유

산불은 번개와 같은 자연적 현상에 의해 일어날 수도 있지만 대부분 사람들의 부주의로 일어나게 됩니다. 캠핑에서 장작에 불을 피우거나 꺼지지 않은 담배꽁초로 인해 대형 산불이 일어날 수 있습니다. 나무는 화재에 취약하고, 서로 붙어 있기 때문에 산불이 일어나면 진압하기가 힘듭니다. 그러므로 특히 건조한 날씨에는 산불을 더욱 조심해야 합니다.

산불이 나면 환경이나 사람에게 미치는 영향

산불이 나면 복구하는 시간도 오래 걸리지만 산불 시 나타나는 연기에는 미세먼지와 일산화탄소 그리고 휘발성 화학물질이 포함되어 있다고 합니다.
이중 가장 위험한 요소는 미세먼지인데 우리가 알고 있듯이 미세먼지는 우리 건강에 좋지 않습니다. 이 미세먼지는 폐뿐만 아니라 혈류에도 침투할 수 있다고 합니다.

(출처) 동아사이언스
https://www.dongascience.com/news.php?idx=34349

나무에 불이 붙었을 때 어떤 반응을 보이는지 작품을 만들어 보며 함께 확인해 봅니다.

▶▶ 파우더 토이의 화면 구성 및 메뉴에 대해 살펴보고 파우더 토이에서 제공하는 물질이 어떤 효과를 가지고 있는지 확인해 봅니다.

01 파우더 토이 화면 구성 확인하기

❶ (파우더 토이) 아이콘을 더블 클릭하여 프로그램을 실행합니다.

❷ 파우더 토이 프로그램의 화면 구성을 확인합니다.

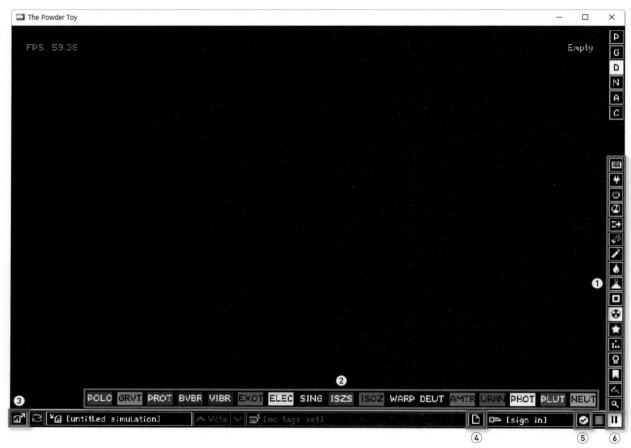

① **[기본분류] 탭 :** 파우더 토이에서 사용하는 물질의 형태에 따라 탭이 나누어져 있습니다.

② **[상세분류] 탭 :** 파우더 토이에서 실제로 사용할 수 있는 물질이 있는 곳으로 [기본분류] 탭에서 나눠진 물질을 확인할 수 있습니다.

③ **[샘플 시뮬레이션] 탭 :** 샘플을 가져와 사용할 수 있습니다.

④ **새 파일 :** 새로운 창을 엽니다.

⑤ **시뮬레이션 옵션 :** 파우더 토이의 창 크기를 조절하거나 시뮬레이션 할 때 필요한 기능을 켜거나 끌 수 있습니다.

⑥ **재생/정지 :** 시뮬레이션을 실행시키거나 멈출 수 있습니다.

Tip
• 시뮬레이션 실행 시 버튼
  모습 : **II** (재생)
• 시뮬레이션 정지 시 버튼
  모습 : **II** (정지)

파우더 토이에서 제공하는 물질에 대해 알아보기

● Walls([벽] 탭)

특정 물질을 막거나 통과시키는 다양한 기능의 벽이 모여 있습니다.

● Electronics([전기] 탭)

전자회로를 만들 때 필요한 물질이 모여 있습니다.

`DRAY` `TUNG` `CRAY` `WWLD` `EMP` `ARAY` `WIFI` `INST` `TESC` `INWR` `SWCH` `BTRY` `ETRD` `PTCT` `NTCT` `INSL` `NSCN` `PSCN` `SPRK` `METL`

● Powered Materials([전원] 탭)

전기를 제어할 수 있는 전원과 관련된 물질이 모여 있습니다.

`PPIP` `GPMP` `PBCN` `PUMP` `PVOD` `STOR` `DLAY` `HSWC` `PCLN` `LCRY`

● Sensors([감지기] 탭)

조건이 만족되면 전기를 생성하거나 통과시키는 물질이 모여 있습니다.

`LDTC` `LSNS` `PSNS` `TSNS` `DTEC` `INVS`

● Force([힘] 탭)

조건이 만족되면 물질을 이동시키는 물질이 모여 있습니다.

`FRME` `PSTN` `DMG` `RPEL` `FRAY` `GBMB` `DCEL` `ACEL` `PIPE`

● Explosives([폭발물] 탭)

다양한 폭약과 폭탄을 만들 수 있는 물질이 모여 있습니다.

`IGNC` `TNT` `C-5` `BOMB` `FWRK` `DEST` `LIGH` `FSEP` `FUSE` `FIRW` `CFLM` `THRM` `THDR` `LRBD` `RBDM` `C-4` `NITR` `GUN` `FIRE`

● Gases([기체] 탭)

다양한 기체 물질이 모여 있습니다.

`RFRG` `HYGN` `BOYL` `FOG` `CAUS` `CO2` `OXYG` `SMKE` `NBLE` `PLSM` `WTRV` `GAS`

● Liquids([액체] 탭)

다양한 액체 물질이 모여 있습니다.

`VIRS` `MERC` `SOAP` `GEL` `PSTE` `BIZR` `BUBW` `GLOW` `LOXY` `DESL` `LN2` `MWAX` `SLTW` `DSTW` `ACID` `LAVA` `OIL` `WATR`

● Powders([가루] 탭)

다양한 가루 물질이 모여 있습니다.

`SAWD` `CLST` `BREL` `PQRT` `ANAR` `GRAV` `FRZZ` `BCOL` `YEST` `BGLA` `SAND` `BRMT` `SALT` `CNCT` `SNOW` `STNE` `DUST`

● Solids(▢ [고체] 탭)

다양한 고체 물질이 모여 있습니다.

`HEAC CRMC GOLD TTAN QRTZ FILT SHLD VINE RIME SPNG DRIC IRON BRCK COAL NICE GLAS WAX BMTL PLNT WOOD ICE GOO`

● Radioactive(☢ [방사능] 탭)

방사능과 관련된 다양한 물질이 모여 있습니다.

`POLO GRVT PROT BVBR VIBR EXOT ELEC SING ISZS ISOZ WARP DEUT AMTR URAN PHOT PLUT NEUT`

● Special(★ [특수] 탭)

특수한 기능을 가진 물질 스틱맨이나 진공, 고압, 다이아몬드 등이 모여 있습니다.

`FIGH WHOL BHOL TRON STK2 PRTO PRTI BCLN CONV STKM VENT VACU DMND VOID CLNE ✕`

● Game of Life(▦ [미생물] 탭)

다양한 미생물에 관한 물질이 모여 있습니다.

`BRAN FROG STAR FRG2 LOTE MYST REPL GNAR WALL COAG MAZE SEED STAN LLIF 34 DMOE PGOL MOVE AMOE DANI 2x2 ASIM HLIF GOL`

● Tools(⚲ [툴] 탭)

압력, 중력, 온도들을 자유롭게 변경할 수 있는 물질이 모여 있습니다.

`✎ 💬 PROP WIND CYCL MIX NGRV PGRV VAC AIR COOL HEAT`

03 시뮬레이션 옵션 메뉴 알아보기

① Heat simulation : 기본으로 체크되어 있는 옵션으로 물질의 온도 변화를 확인할 수 있습니다.

② Ambient heat simulation : 공기 중에서 열을 전달하여 물질의 온도 변화를 확인할 수 있습니다.

③ Newtonian gravity : 중력장을 실행시켜 물질을 빨아들일 수 있습니다.

④ Water equalisation : 물 물질을 제어하는 기능으로 물의 높이를 맞출 수 있습니다.

⑤ Gravity Simulation Mode : 중력을 켜거나 끌 수 있습니다.
  • [Vertical] : 중력이 아래쪽에 있어 물질이 아래쪽으로 흐릅니다.
  • [off] : 무중력 상태로 만들어 물질이 공중에 떠 있을 수 있습니다.
  • [Radial] : 중력이 물질의 중간에서 발생하여 물질이 중앙으로 모입니다.

⑥ Resizable : 파우더 토이 실행 창의 크기를 자유롭게 변경할 수 있습니다.

⑦ Fullscreen : 파우더 토이 실행 창을 모니터 화면의 크기에 맞게 최대화할 수 있습니다.

04 브러시 크기 조절하기

❶ 재생(❚❚) 버튼을 클릭하여 시뮬레이션을 멈춘 후 마우스 휠을 앞으로 돌려 브러시 크기를 키워 봅니다.

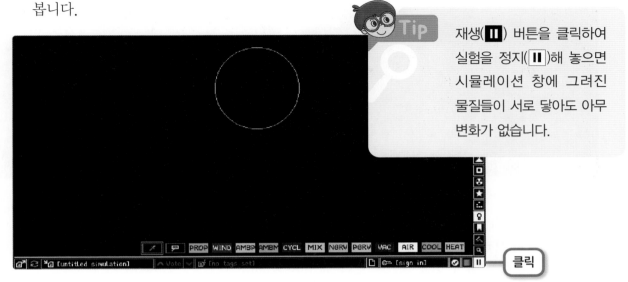

Tip 재생(❚❚) 버튼을 클릭하여 실험을 정지(❚❚)해 놓으면 시뮬레이션 창에 그려진 물질들이 서로 닿아도 아무 변화가 없습니다.

클릭

❷ 마우스 휠을 뒤로 돌려 브러시 크기를 줄여 봅니다.

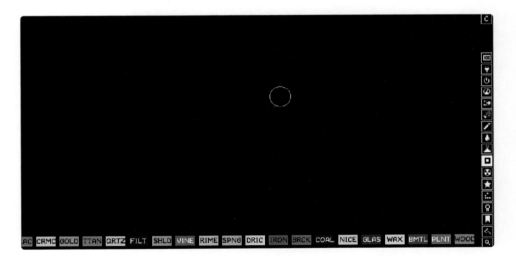

❸ 키보드의 [와] 를 이용하여 브러시 크기를 조절해 봅니다.

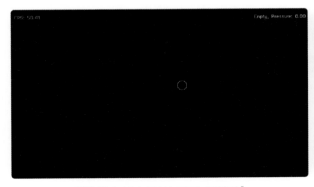

[[을 눌러 브러시 크기 줄이기]

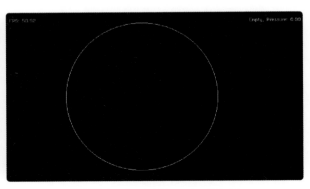

[ ] 을 눌러 브러시 크기 키우기]

05 브러시 모양을 바꿔서 그림 그리기

❶ Tab을 눌러 브러시 모양을 변경해 봅니다.

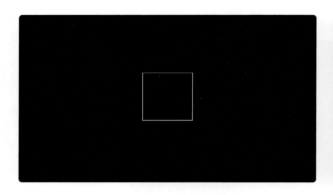 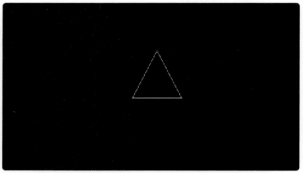

❷ 나무를 그리기 위해 [■ (고체)]−[WOOD (WOOD)]를 클릭합니다.

❸ Tab을 눌러 브러시를 네모로 만든 후 마우스 휠을 위로 돌려 크기를 키웁니다.

❹ 나무 기둥을 그리기 위해 Shift를 누른 채 마우스 왼쪽 버튼을 클릭하여 아래쪽으로 드래그합니다.

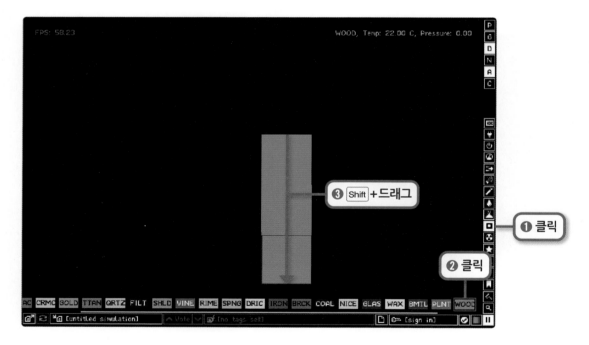

❺ Tab을 클릭하여 브러시 모양을 동그랗게 변경합니다.

❻ 나무에 나뭇잎을 그리기 위해 [■ (고체)]−[PLNT (PLNT)]를 클릭하여 나뭇잎을 완성해 봅니다.

❼ 그런 다음 나뭇잎을 풍성하게 만들어 봅니다.

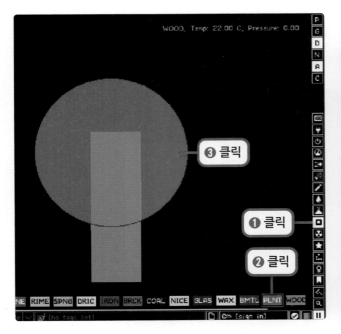
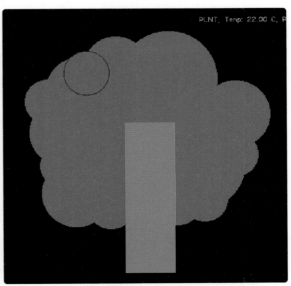

❽ 작은 불씨가 나무에 어떤 변화를 주는지 확인하기 위해 [🎆 (폭발물)]–[FIRE (FIRE)]를 클릭하여 나무 옆에 불을 작게 그려봅니다.

❾ 정지(‖) 버튼을 클릭하여 파우더 토이를 실행해 봅니다.

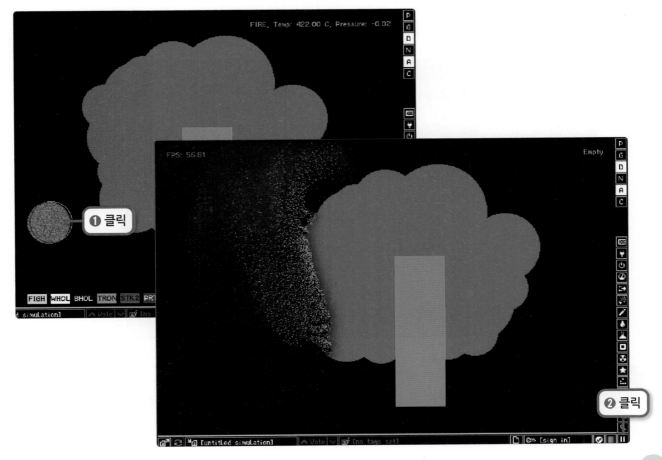

⓾ 재생(▐▐) 버튼을 클릭하여 파우더 토이의 실행을 멈춘 후 키보드에서 Ctrl+Z를 눌러 실험 전으로 되돌립니다.

⓫ 완성한 파일을 컴퓨터에 저장하기 위해 키보드에서 S를 누릅니다.

⓬ 화면이 어두워지면 왼쪽 위에서 오른쪽 아래까지 드래그하여 영역을 선택합니다.

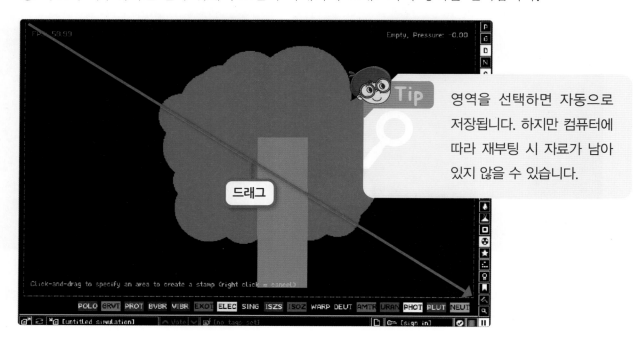

영역을 선택하면 자동으로 저장됩니다. 하지만 컴퓨터에 따라 재부팅 시 자료가 남아 있지 않을 수 있습니다.

⓭ 키보드에서 K를 눌러 저장된 파일을 확인합니다.

⓮ 키보드에서 Esc를 눌러 시뮬레이션 창으로 돌아옵니다.

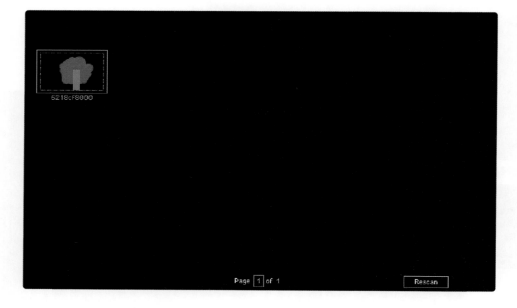

저장된 파일을 열 때는 새 파일을 클릭한 후 키보드에서 K를 눌러 불러올 파일을 선택하면 선택한 파일이 시뮬레이션 창에 열립니다.

내 맘대로 실험하기

01 나무를 이용하여 울타리를 만들어 봅니다.

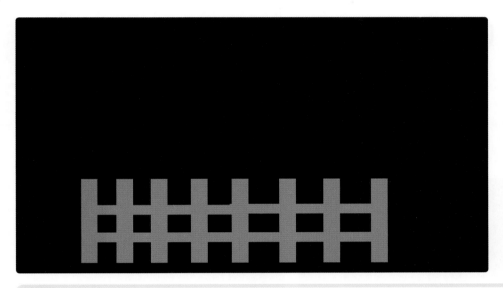

조건
- [■ (고체)]-[**WOOD** (WOOD)]를 이용하여 울타리를 완성합니다.
- 직선으로 울타리를 만들 때에는 키보드에 Shift 를 사용합니다.

02 만든 울타리를 다음에 사용할 수 있도록 저장해 봅니다.

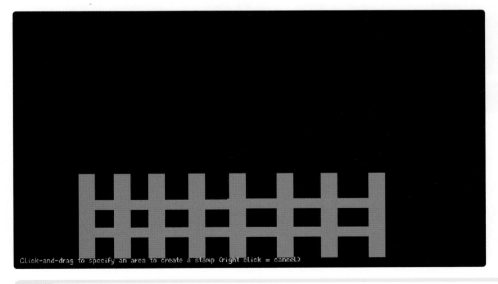

조건
- 키보드에서 S 를 눌러 완성한 울타리를 저장해 봅니다.

02 Chapter

밤하늘에 수 놓기

학습내용 알아보기

- METL을 이용하여 폭죽놀이의 틀을 만들어 볼 수 있습니다.
- 송풍기를 활용할 수 있습니다.
- METL 안에 먼지를 채워 넣을 수 있습니다.
- 중성자를 METL 안으로 넣으면 폭죽이 터지는지 실험해 볼 수 있습니다.

실험 과정

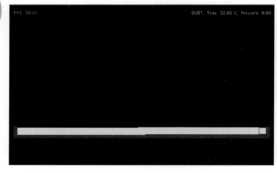

[메탈에 먼지 담기]

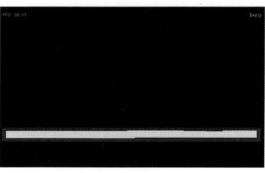

[FAN 설치하기]

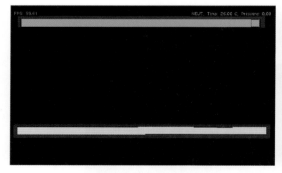

[메탈에 중성자 담기]

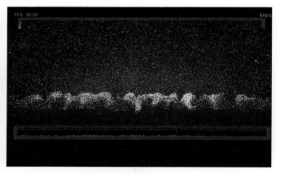

[실험하기]

실험 물질

사용 물질	물질 설명
METL (METL)	메탈 그릇을 만들 수 있습니다.
(FAN)	지정한 방향으로 가루, 액체, 기체, 에너지 입자, 압력, 중력 등을 날릴 수 있는 송풍기입니다.
DUST (DUST)	먼지입니다.
NEUT (NEUT)	중성자입니다.

01 TPT 실험실

▶▶ **METL** (METL)로 폭죽 틀을 만들고, **METL** (METL) 안에 **DUST** (DUST)와 **NEUT** (NEUT)를 채워봅니다. 그런 다음 ■■■■(FAN)을 이용하여 송풍기를 설치한 후 중성자와 먼지가 닿으면 불꽃색이 나타나는지 실험해 봅니다.

폭죽이 터지면 불꽃이 다양한 색으로 보이는 이유

불꽃이 다양한 색으로 보이는 이유는 불꽃반응 때문입니다.
금속원자는 특유의 불꽃색을 내는데 화약이 폭발하면서 금속원자가 에너지를 흡수한 후 다시 빛을 방출할 때 특유의 불꽃색을 냅니다.

폭죽이 터진 후 하늘은 어떻게 보일까?

폭죽이 터진 후 하늘은 뿌연 연기가 보입니다.
터질 때 하늘을 수놓았던 예쁜 폭죽은 터진 뒤 공기 중에 해로운 화학물질을 남겨 대기를 오염시킵니다.

폭죽의 금속원자는 화약이 폭발하면서 다양한 불꽃색을 보여주는데 원소가 화약을 만났을 때 어떤 반응을 보이는지 작품을 만들어 보며 함께 확인해 봅니다.

02 파우더 토이로 화학 실험하기

▶▶ 중성자와 먼지가 닿으면 폭죽이 터지는지 실험을 통해 알아봅니다.

01 먼지를 담을 틀 만들기

❶ (파우더 토이) 아이콘을 더블 클릭하여 프로그램을 실행합니다.

❷ 우선 실험을 위해 파우더 토이 실행 창 오른쪽 하단의 재생(❚❚) 버튼을 클릭하여 물질의 이동을 멈춥니다. 먼지를 담을 틀을 만들기 위해 [🔌(전기)]-[METL(METL)]을 선택합니다.

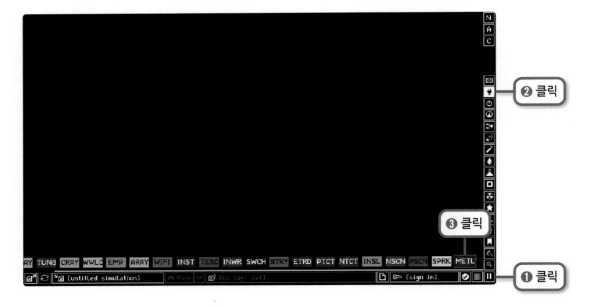

❸ 브러시 모양을 네모로 변경한 후 브러시 크기를 키웁니다.

❹ Shift + 마우스 왼쪽 버튼을 누른 채 왼쪽에서 오른쪽으로 드래그합니다.

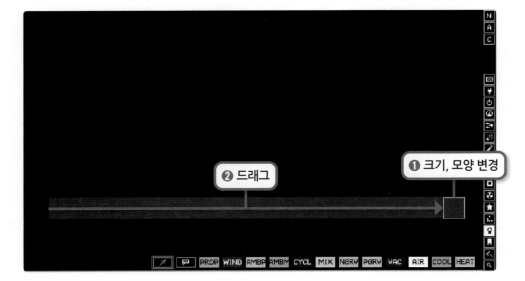

❺ 먼지를 담을 수 있는 공간을 만들기 위해 METL (METL) 왼쪽에서 Shift + 마우스 오른쪽 버튼을 클릭합니다.

마우스 오른쪽 버튼 클릭

❻ 그런 다음 마우스 오른쪽 버튼을 누른 채 오른쪽으로 드래그하여 METL (METL) 중간을 지웁니다.

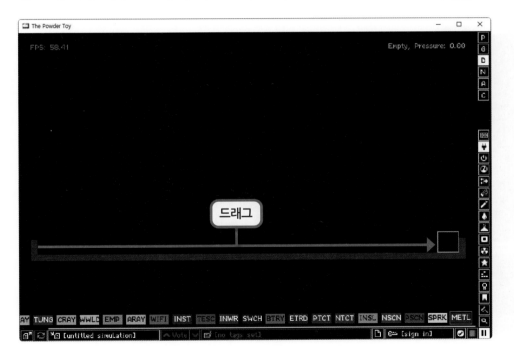

드래그

 Tip

마우스 오른쪽 버튼을 누른 채 드래그하면 그려져 있는 물질을 지울 수 있습니다.

02 **그릇에 먼지 채우기**

❶ METL (METL) 그릇에 먼지를 채우기 위해 [🝴 (가루)]-[DUST (DUST)]를 선택합니다.

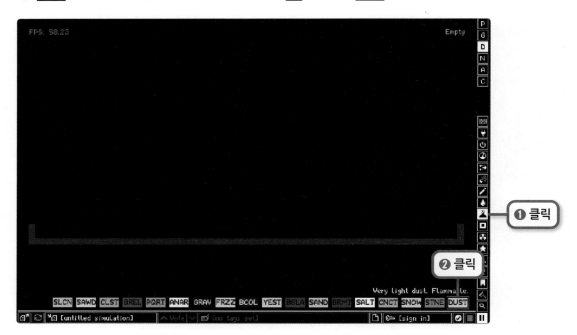

❷ 브러시 크기를 그릇의 크기로 변경한 후 Shift + 마우스 왼쪽 버튼을 누른 채 왼쪽에서 오른쪽으로 드래그합니다.

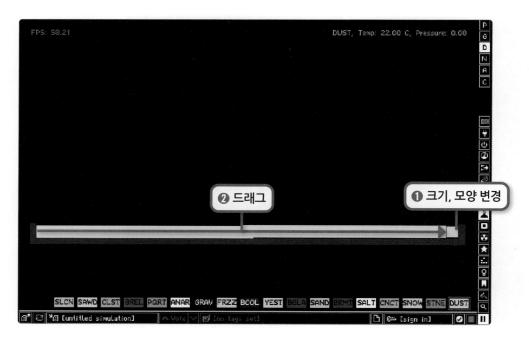

 **Tip**

· 브러시 크기 조절 : 마우스 휠을 위나 아래로 밀기

· 브러시 모양 변경 : Tab

먼지를 날릴 송풍기 설치하기

❶ 송풍기를 설치하기 위해 [(벽)]−[(FAN)]을 선택합니다.

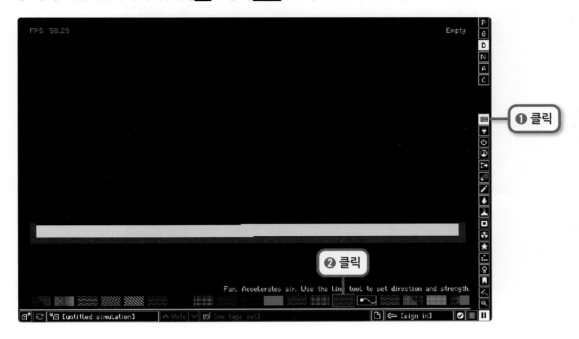

❷ 먼지가 날아가도록 송풍기를 설치하기 위해 **DUST** (DUST) 위에서 Shift + 마우스 왼쪽 버튼을 누른 채 왼쪽에서 오른쪽으로 드래그합니다.

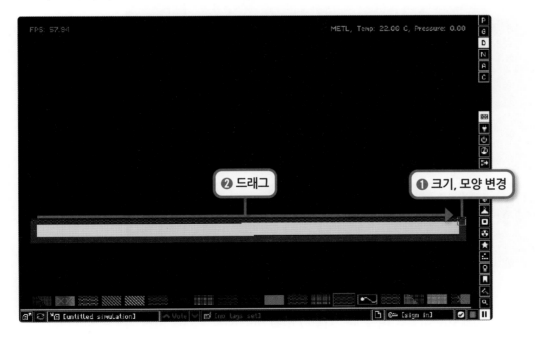

❸ 먼지가 날아갈 방향을 결정하기 위해 마우스 포인터를  (FAN) 위에 올려둡니다.

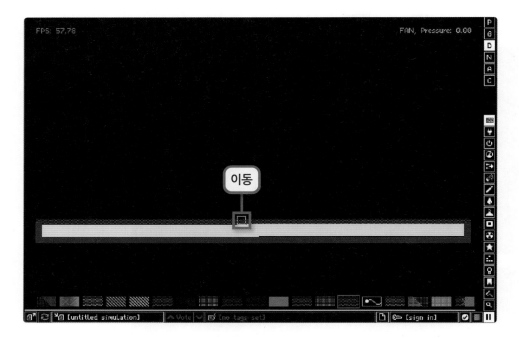

❹ 그런 다음 키보드에서 Shift 를 누른 채 마우스 왼쪽 버튼을 클릭하여 위쪽으로 드래그합니다.

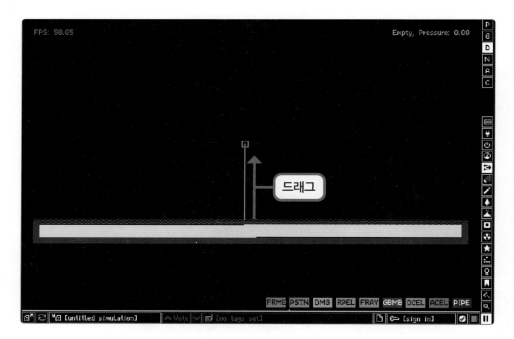

Tip 위와 같이 송풍기의 방향을 변경해도 실험이 멈춰 있는 실험 창에는 아무 변화도 없습니다. 지정한
송풍기의 방향은 실험을 시작했을 때 확인할 수 있습니다.

틀에 중성자 담기

❶ 중성자를 담을 틀을 만들기 위해 [🔌 (전기)]–[**METL** (METL)]을 선택합니다.

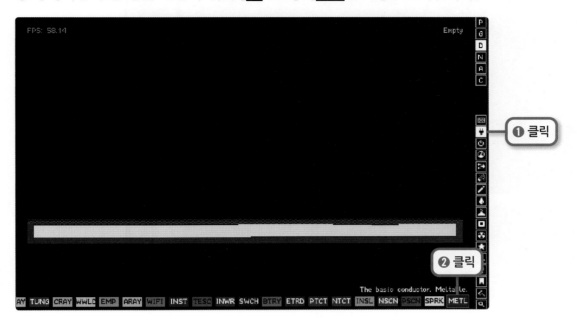

❷ 마우스 휠을 위로 돌려 브러시 크기를 키운 뒤 Shift + 마우스 왼쪽 버튼을 누른 채 왼쪽에서 오른쪽으로 드래그합니다.

❸ 중성자를 담을 수 있는 공간을 만들기 위해 **METL** (METL) 왼쪽에서 Shift + 마우스 오른쪽 버튼을 누른 채 오른쪽으로 드래그합니다.

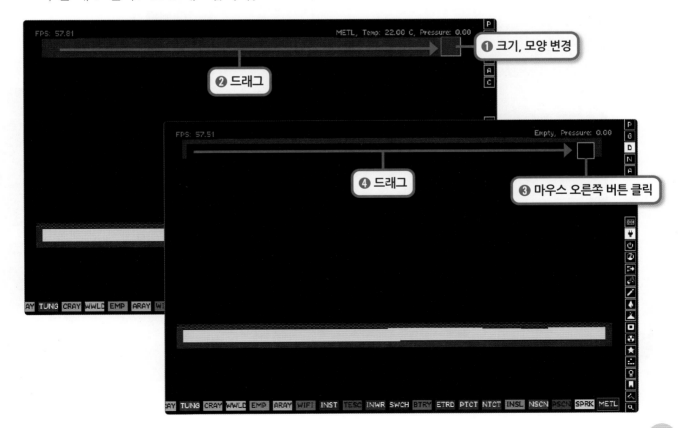

❹ METL (METL) 틀에 중성자를 채우기 위해 [☢ (방사능)]−[NEUT (NEUT)]를 선택합니다.

❶ 클릭

❷ 클릭

❺ 그릇 크기로 브러시 크기를 줄인 후 METL (METL) 왼쪽에서 Shift + 마우스 왼쪽 버튼을 누른 채 오른쪽으로 드래그합니다.

❻ 정지(▐▐) 버튼을 눌러 정지된 실험(시뮬레이션)을 실행시킵니다.

❼ 중성자와 먼지가 만났을 때 폭죽 효과가 나타나는지 확인합니다.

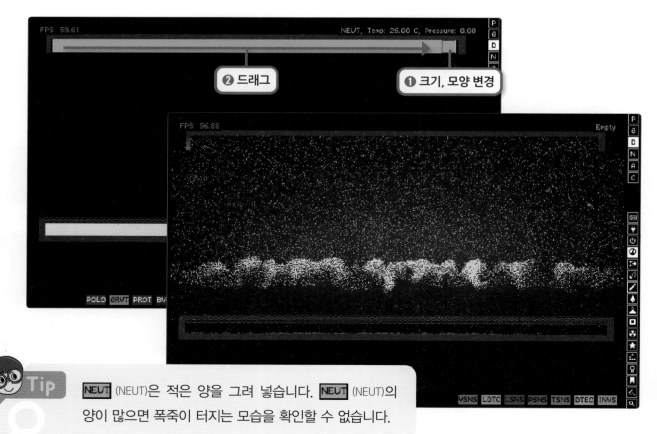

❷ 드래그

❶ 크기, 모양 변경

Tip

NEUT (NEUT)은 적은 양을 그려 넣습니다. NEUT (NEUT)의 양이 많으면 폭죽이 터지는 모습을 확인할 수 없습니다.

내 맘대로 실험하기

Chapter 02

01 물질을 이용하여 둥근 그릇을 만들어 봅니다.

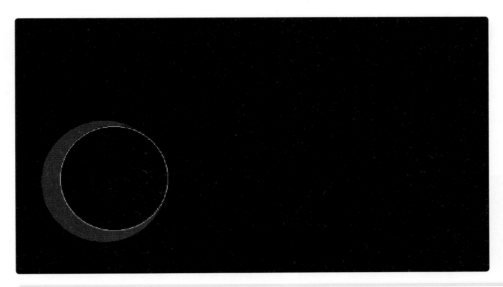

조건
- [ (전기)]―[**METL** (METL)]를 이용하여 그릇을 완성합니다.

02 그릇 안에 먼지를 채워 넣고 송풍기로 먼지를 날려 봅니다.

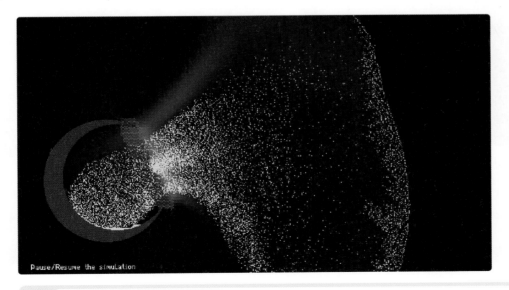

Pause/Resume the simulation

조건
- [(가루)]―[**DUST** (DUST)]를 이용하여 **METL** (METL) 그릇을 채웁니다.
- [**METL** (METL) 그릇 앞에 [(벽)]―[(FAN)]을 설치합니다.
- 송풍기의 방향은 Shift 를 누른 채 드래그하여 자유롭게 변경해 봅니다.

03
Chapter

TNT 만들기

학습내용 알아보기

• 물질을 섞어 폭탄을 만들 수 있습니다.
• 폭탄에 도화선을 연결할 수 있습니다.
• 도화선에 불을 붙여 폭탄을 터트리는 실험을 해 볼 수 있습니다.

실험 과정

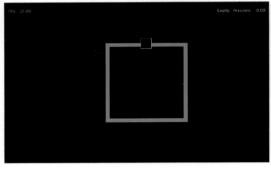

[틀 만들기]

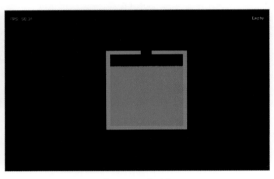

[NITR 담기]

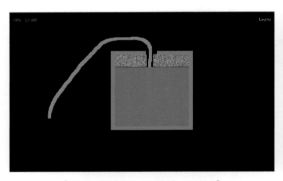

[CLST를 담고 도화선 그리기]

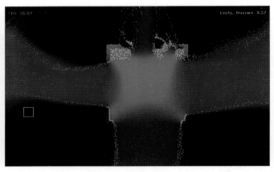

[실험하기]

실험 물질

사용 물질	물질 설명
WOOD (WOOD)	나무입니다.
NITR (NITR)	액체 형태의 폭발물입니다.
CLST (CLST)	TNT를 만들 수 있는 물질입니다.
IGNC (IGNC)	도화선을 만들 수 있습니다.
FIRE (FIRE)	불입니다.

01 TPT 실험실

▶▶ **WOOD** (WOOD)로 폭탄을 담을 틀을 만든 후 **NITR** (NITR)과 **CLST** (CLST)를 틀에 담습니다. **IGNC** (IGNC)로 폭탄을 터트릴 도화선을 그린 후 **FIRE** (FIRE)로 불을 붙이면 도화선을 타고 간 불이 폭탄에 닿았을 때 어떤 위험이 있는지 실험해 봅니다.

폭발 시 발생하는 연기의 모습으로 원자 폭탄을 구별할 수 있다!

일반적인 폭탄이 터질 때는 온도가 낮기 때문에 금세 연기가 공기 중에 섞이게 되지만, 원자 폭탄이 터지는 경우 온도가 매우 높기 때문에 원자 폭탄에서 나온 뜨거운 기체가 위쪽으로 가속 상승하며 버섯 모양의 구름을 형성합니다.
멀리서 버섯 모양의 구름을 발견하게 된다면 그 근처에서 원자 폭탄이 터졌다는 것을 알 수 있습니다.

원자 폭탄이 터지면 어떤 피해가 있을까?

TNT의 양에 따라 그 위력이 다르겠지만 15kt급 원자 폭탄이 폭발할 경우 폭탄이 터지는 지역 기준 1km 이내에서는 노출된 인원의 95%가 사망하고, 4.5km 이내에서는 70%가 사망합니다. 해당 권역 안에 있는 건축물의 90%가 붕괴하는 직접 피해도 예상할 수 있습니다.

(출처) 나무위키
https://namu.wiki/w/원자폭탄/위력

폭탄이 터질 때 어떤 반응을 보이는지 작품을 만들어 보며 함께 확인해 봅니다.

 02 파우더 토이로 화학 실험하기

▶▶ 두 가지 물질을 섞어 폭탄을 만들고 도화선에 불을 붙여 폭탄을 터트리는 실험을 확인해
봅니다.

01 TNT를 담을 틀 만들기

❶ TNT를 담을 틀을 만들기 위해 [■ (고체)]−[WOOD (WOOD)]를 선택합니다.

❷ 브러시 크기를 크게 변경한 후 브러시 모양을 네모로 변경합니다.

❸ 시뮬레이션 창에 TNT 틀을 그립니다.

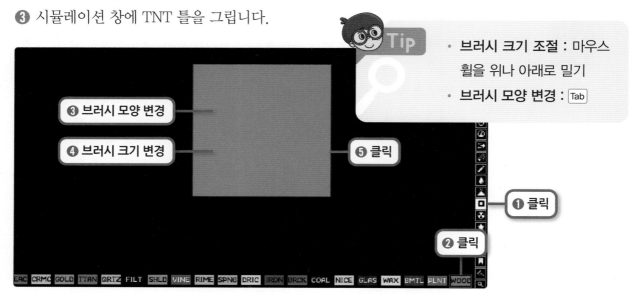

Tip
• 브러시 크기 조절 : 마우스 휠을 위나 아래로 밀기
• 브러시 모양 변경 : Tab

❸ 브러시 모양 변경
❹ 브러시 크기 변경
❺ 클릭
❶ 클릭
❷ 클릭

EAC CRMC GOLD TTAN QRTZ FILT SHLD VINE RIME SPNG DRIC IRON BRCK COAL NICE GLAS WAX BMTL PLNT WOOD

❹ 브러시 크기를 작게 변경한 후 마우스 오른쪽 버튼을 클릭하여 WOOD (WOOD) 중간에 공간을 만듭
니다.

❺ 브러시 크기를 더 작게 변경한 후 마우스 오른쪽 버튼을 눌러 도화선을 연결할 입구를 뚫습니다.

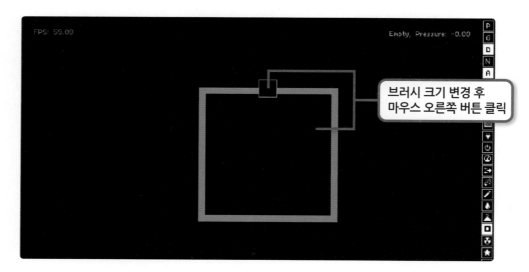

FPS: 59.09
Empty, Pressure: -0.00

브러시 크기 변경 후
마우스 오른쪽 버튼 클릭

폭탄 만들기

❶ TNT를 만들기 위해 [(폭발물)]-[NITR (NITR)]을 선택합니다.

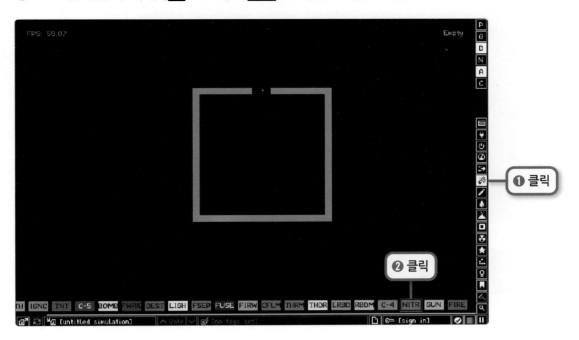

❷ 브러시 크기를 크게 변경한 후 TNT 틀 안에 NITR (NITR)을 채웁니다.

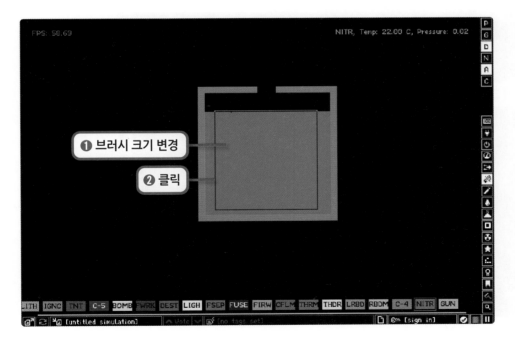

 브러시 크기 조절 : 마우스 휠을 위나 아래로 밀기

❸ 물질을 섞기 위해 [📛 (가루)]–[CLST (CLST)]를 선택합니다.

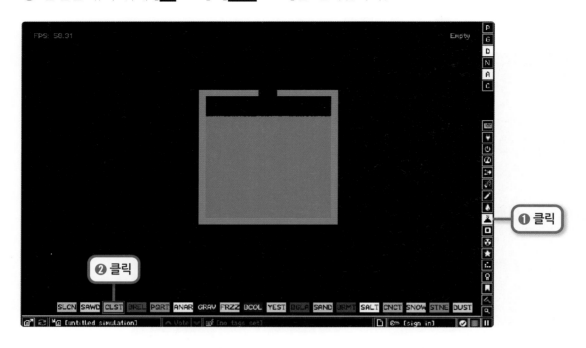

❹ 브러시 크기를 작게 변경한 후 마우스 왼쪽 버튼을 클릭하여 NITR (NITR) 위에 CLST (CLST)를 설치
합니다.

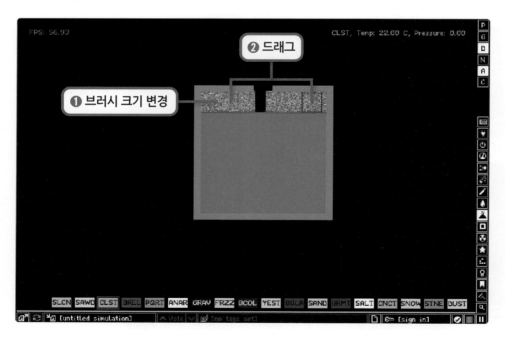

Tip   CLST (CLST)를 설치할 때 도화선이 NITR (NITR)에 닿을 수 있도록 공간을 비워둬야 합니다.

완성된 TNT에 도화선 설치하기

❶ 도화선을 설치하기 위해 [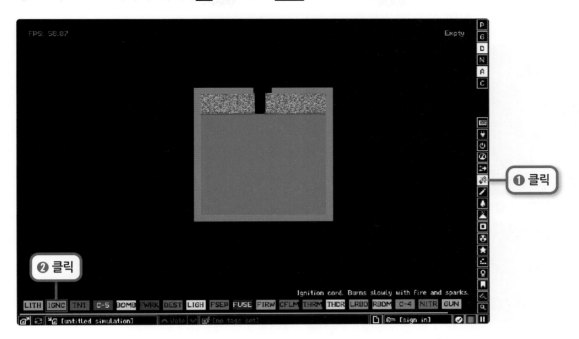 (폭발물)]-[IGNC (IGNC)]를 선택합니다.

❷ 도화선을 그리기 위해 브러시 크기를 줄입니다.
❸ 마우스 왼쪽 버튼을 누른 채 드래그하여 도화선을 그립니다.

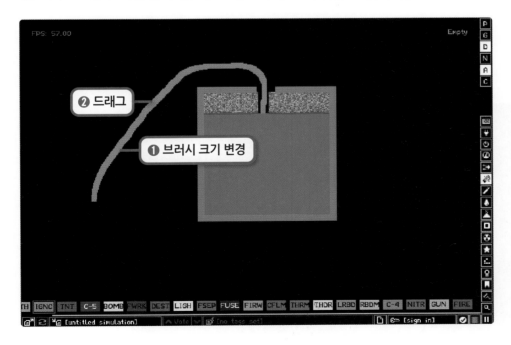

 도화선은 꼭 NITR (NITR)에 닿아야 합니다.

04 불로 폭탄 터트리기

❶ 도화선에 불을 붙이기 위해 [(폭발물)]-[**FIRE** (FIRE)]를 선택합니다.

❷ 도화선 끝을 클릭하여 불을 붙입니다.

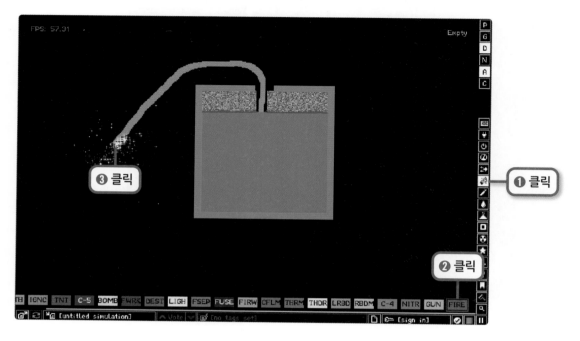

Tip 시뮬레이션이 실행되어야 도화선이 타기 시작합니다.

❸ 제작한 TNT가 터질 때 어떤 모습을 하는지 확인해 봅니다.

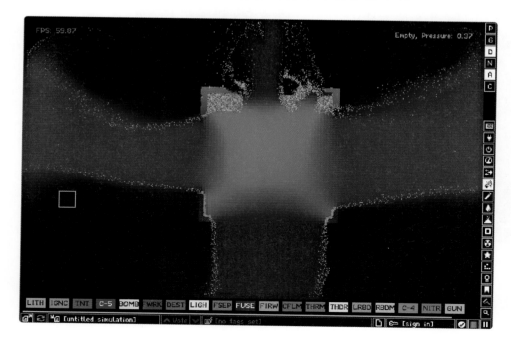

내 맘대로 실험하기

01 TNT 5개를 설치합니다.

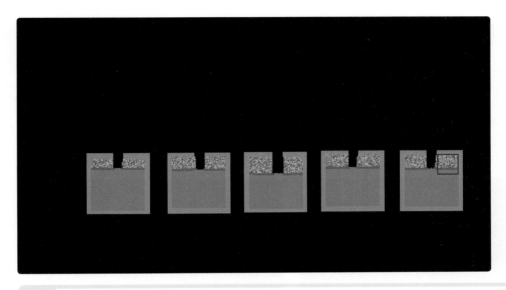

조건
- [■ (고체)]−[WOOD (WOOD)]를 이용하여 TNT 틀을 완성합니다.
- [✳ (폭발물)]과 [▲ (가루)]에서 [NITR (NITR)]와 [CLST (CLST)]를 이용하여 TNT를 만듭니다.

02 TNT 틀 5개를 도화선으로 연결한 후 첫 도화선에 불을 붙여 봅니다.

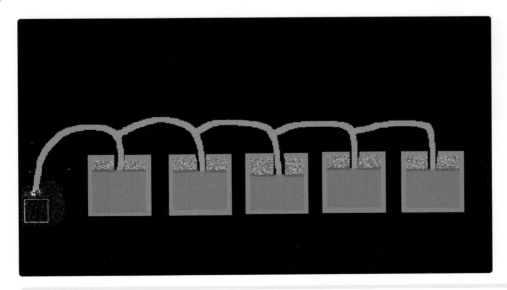

조건
- [✳ (폭발물)]−[IGNC (IGNC)]를 이용하여 도화선을 그립니다.
- [✳ (폭발물)]−[FIRE (FIRE)]를 이용하여 도화선에 불을 붙입니다.

04

Chapter

날개 달린 물

학습내용 알아보기

• 비커를 만들 수 있습니다.
• 송풍기를 설치하여 기체를 이동시킬 수 있습니다.
• 배터리를 이용하여 전기분해 실험을 해 볼 수 있습니다.

실험 과정

[비커 만들기]

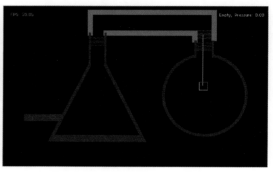

[FAN 설치하기]

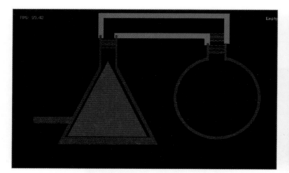

[물 담기]

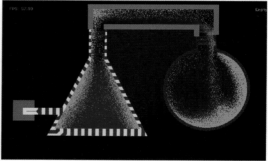

[실험하기]

실험 물질

사용 물질	물질 설명
METL (METL)	메탈 그릇을 만들 수 있습니다.
(기초벽)	벽을 세울 수 있습니다.
(기체통과벽)	기체만 통과할 수 있습니다.
(FAN)	송풍기로 지정한 방향으로 가루, 액체, 기체, 에너지 입자, 압력, 중력 등을 날릴 수 있습니다.
WATR (WATR)	물입니다.
BTRY (BTRY)	배터리입니다.

▶▶ METL (METL)을 이용하여 전기가 통하는 비커를 만든 후 한쪽 비커에 WATR (WATR)을 담습니다. WATR (WATR)가 담긴 비커에 BTRY (BTRY)로 전기를 흘려 보내 전기분해를 해봅니다. 전기분해 시 어떤 변화가 생기는지 실험해 봅니다.

물을 전기분해하면 생기는 물질

물이 담긴 비커에 물을 넣고 배터리를 (+)극과 (−)극에 연결하면 수소 기체와 산소 기체가 2:1로 분해됩니다.
여기서 (−)극에는 수소 기체가 모이고, (+)극에는 산소 기체가 모입니다.

산소와 수소를 결합하여 물을 만들 수 있을까?

물은 산소 원자 한 개와 수소 원자 두 개로 만들 수 있지만 같은 공간에 있다고 해서 물이 만들어지지 않습니다.
두 원자 사이에 화학반응을 통해 물을 만들 수 있지만 수소 원자가 연소할 때 에너지를 방출하는 데 여기서 수소가 폭발할 위험성이 있기 때문에 위험합니다.

물을 전기분해하면 어떤 반응을 보이는지 작품을 만들어 보며 함께 확인해 봅니다.

▶▶ 메탈 비커에 배터리를 연결하여 전기분해 실험을 확인해 봅니다.

01 실험 비커 만들기

❶ ▨ (파우더 토이) 아이콘을 더블 클릭하여 프로그램을 실행합니다.

❷ 우선 실험을 위해 파우더 토이 실행 창 오른쪽 하단의 재생(❚❚) 버튼을 클릭하여 물질의 이동을 멈춥니다.

❸ 비커를 만들기 위해 [🔌 (전기)]-[METL (METL)]을 선택합니다.

❹ 브러시 모양을 세모로 변경한 후 브러시 크기를 조절합니다.

❺ 시뮬레이션 창 왼쪽에 비커를 그립니다.

❸ 브러시 모양과 크기 변경 후 클릭

❶ 클릭

❷ 클릭

Tip
• 브러시 크기 조절 : 마우스 휠을 위나 아래로 밀기
• 브러시 모양 변경 : Tab

❻ 브러시 모양을 네모로 변경한 후 마우스 왼쪽 버튼을 클릭하여 비커를 완성합니다.

드래그

Tip
브러시 크기(너비와 높이) 조절
• 너비 : Shift + 마우스 휠로 조정
• 높이 : Ctrl + 마우스 휠로 조정

❼ 물을 채울 공간을 만들기 위해 비커보다 작게 브러시 크기를 조절합니다.

❽ 마우스 오른쪽 버튼을 클릭하여 비커 안쪽에 공간을 만듭니다.

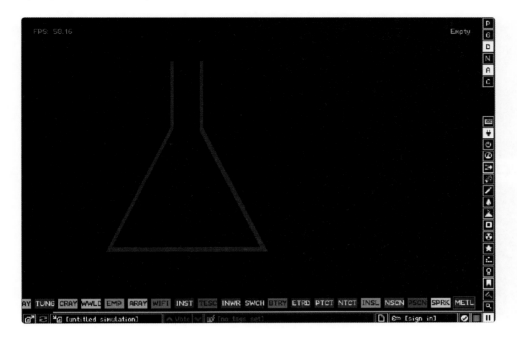

❾ ❸~❽과 같은 방법으로 오른쪽에도 동그란 비커를 완성합니다.

그리기

 Tip   비커의 모양은 자유롭게 그려도 됩니다.

❿ 브러시 모양을 네모로 변경하고, 브러시 크기를 작게 조절한 후 [Shift] + 마우스 왼쪽 버튼을 누른 채 드래그하여 비커에 배터리를 연결할 선을 하나 그립니다.

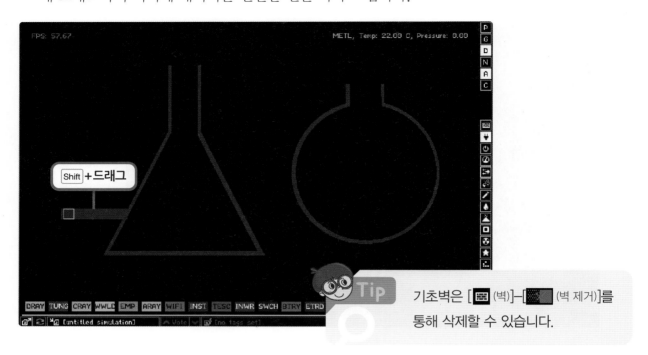

기초벽은 [▦ (벽)]–[▨ (벽 제거)]를 통해 삭제할 수 있습니다.

⓫ 수소와 산소가 만들어지면 기체가 왼쪽에서 오른쪽으로 이동하도록 [▦ (벽)]–[■ (기초벽)]을 선택한 후 통로를 그립니다.

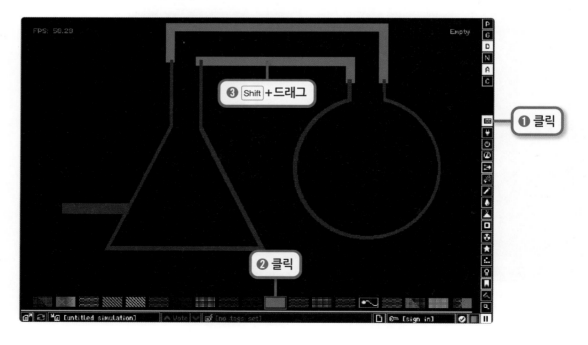

Tip ■ (기초벽) 통로는 [Shift]를 누른 채 드래그하여 그립니다.

⑫ 기체만 통과될 수 있도록 [(벽)]−[████(기체통과벽)]을 선택합니다.

⑬ 두 비커 입구에 마우스 왼쪽 버튼을 누른 채 드래그하여 ████ (기체통과벽)을 설치합니다.

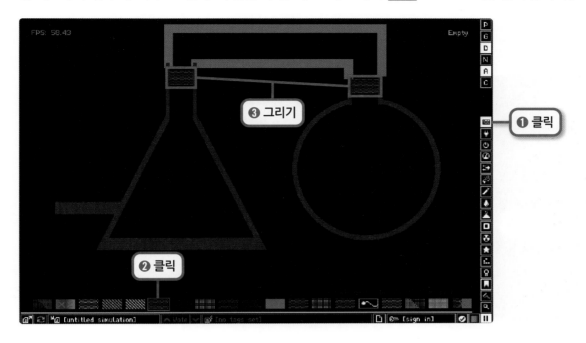

Tip █████(기체통과벽)을 설치하면 물은 위쪽으로 통과하지 못합니다.

⑭ 오른쪽 비커에서 산소와 수소를 빨아드릴 수 있도록 [████(벽)]−[████ (FAN)]을 선택합니다.

⑮ 뚫려 있는 오른쪽 비커 입구에 마우스 왼쪽 버튼을 누른 채 드래그하여 ████ (FAN)을 그립니다.

⑯ 송풍기의 방향을 설정하기 위해 Shift를 누른 채 아래쪽으로 드래그합니다.

Tip 송풍기를 사용할 때 Shift를 누른 채 드래그하여 방향을 설정해 주면 기체가 설정한 방향으로 이동합니다.

02 물 전기분해하기

❶ 왼쪽 비커에 물을 추가하기 위해 [🔥 (액체)]–[WATR (WATR)]을 선택합니다.

❷ 브러시 모양을 세모로 변경하고, 브러시 크기를 비커보다 작게 조절한 후 왼쪽 비커에 물을 채웁니다.

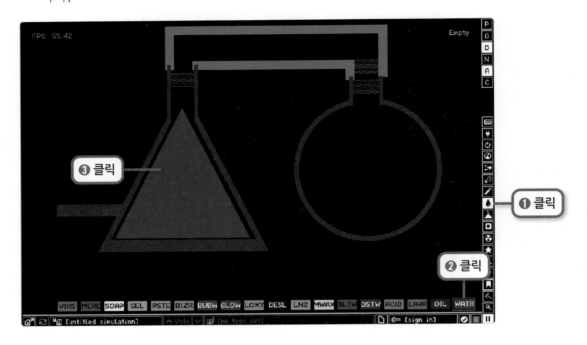

❸ 물을 전기분해하기 위해 [🔌 (전기)]–[BTRY (BTRY)]를 선택합니다.

❹ 마우스 왼쪽 버튼을 클릭하여 배터리 연결선 끝에 BTRY (BTRY)를 설치합니다.

❺ 시뮬레이션을 실행하여 물이 전기분해되어 기체가 오른쪽에 모이는지 확인합니다.

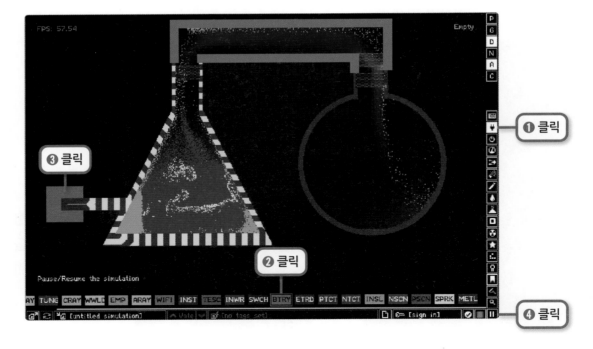

내 맘대로 실험하기

01 물질을 이용하여 그릇을 만든 후 물을 채웁니다.

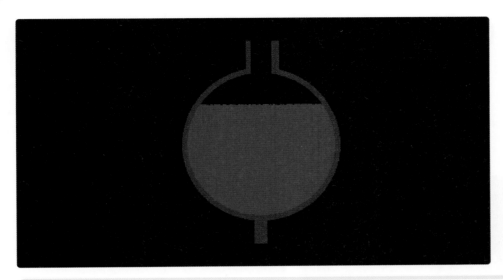

조건
- [🔌 (전기)]–[METL (METL)]을 이용하여 그릇을 완성합니다.
- [🔥 (액체)]–[WATR (WATR)]을 이용하여 그릇에 물을 채웁니다.

02 그릇에 BTRY (BTRY)와 ▦ (기체통과벽)을 설치하여, 물을 전기분해한 후 생성된 기체가 송풍기 없이도 위쪽으로 이동하는지 확인해 봅니다.

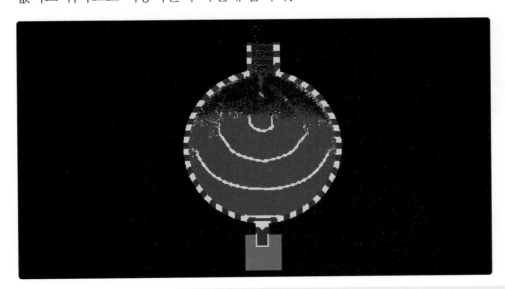

조건
- [🔌 (전기)]–[BTRY (BTRY)]를 이용하여 그릇과 연결합니다.
- [▦ (벽)]–[▦ (기체통과벽)]을 이용하여 그릇 입구에 설치합니다.

05 Chapter

마법의 물

학습내용 알아보기

- 소금물을 담을 그릇을 만들 수 있습니다.
- 불로 소금물을 끓일 수 있습니다.
- 소금물이 증발한 후 무엇이 남는지 실험해 볼 수 있습니다.

실험 과정

[그릇에 오일 채우기]

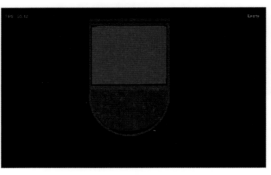

[소금물과 FAN 설치하기]

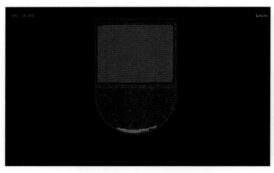

[오일에 불붙이기]

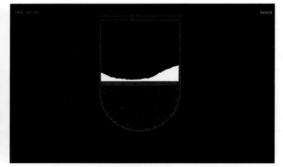

[실험하기]

실험 물질

사용 물질	물질 설명
METL (METL)	메탈 그릇을 만들 수 있습니다.
OIL (OIL)	불을 피울 수 있는 연료입니다.
SLTW (SLTW)	소금물입니다.
FIRE (FIRE)	불입니다.

01 TPT 실험실

▶▶ `METL`(METL)을 이용하여 비커를 만든 후 `SLTW`(SLTW)과 `OIL`(OIL)을 비커에 담습니다. `OIL`(OIL)에 `FIRE`(FIRE)로 불을 붙여 비커를 가열해 봅니다. 가열된 비커에는 무엇이 남는지 실험해 봅니다.

바닷물이 짠 이유

바닷물이 짠 이유는 바닷물 1kg당 염분 35g이 녹아 있기 때문입니다.
즉, 바닷물 1kg을 끓이면 35g의 염분을 얻을 수 있는데 이중 염화나트륨(소금)의 양은 27g 정도 됩니다.

무인도에서 바닷물로 식수를 만들 수 있다?

바닷물을 끓이면 소금만 남고 물이 수증기가 되어 날아가는데 수증기가 차가운 물질에 닿으면 액화현상(수증기(기체)가 식어서 물방울이 되는 현상)이 일어납니다.
이 원리를 이용하면 바닷물로 식수를 만들 수 있습니다.

소금물을 끓이면 어떤 반응을 보이는지 작품을 만들어 보며 함께 확인해 봅니다.

02 파우더 토이로 화학 실험하기

▶▶ 바닷물이 끓으면 발생하는 기체가 빠져 나갈 수 있도록 기체통과벽을 만들고 오일에 불을 붙이는 실험을 해봅니다.

01 그릇에 오일 담기

❶ (파우더 토이) 아이콘을 더블 클릭하여 프로그램을 실행합니다.

❷ 우선 실험을 위해 파우더 토이 실행 창 오른쪽 하단의 재생(❚❚) 버튼을 클릭하여 물질의 이동을 멈춥니다.

❸ 그릇을 만들기 위해 [🔌 (전기)]-[METL (METL)]을 선택합니다.

❹ 브러시 모양을 변경한 후 브러시 크기를 크게 조절합니다.

❺ 물과 오일을 담을 그릇을 만들어 봅니다.

❻ 그릇 아래쪽에 오일을 추가하기 위해 [🔥 (액체)]-[OIL (OIL)]을 선택한 후 아래쪽 공간에 OIL (OIL)을 채워 봅니다.

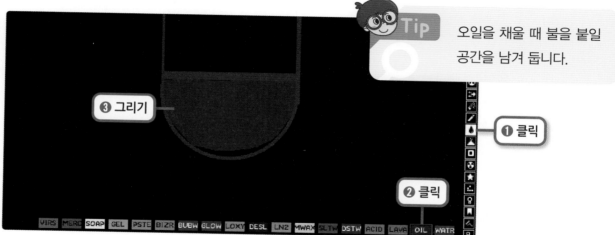

기체만 빠져나갈 통로 만들기

❶ 그릇 위쪽에 소금물을 추가하기 위해 [(액체)]–[**SLTW** (SLTW)]을 클릭합니다.

❷ 그릇 위쪽에 마우스 왼쪽 버튼을 클릭하여 **SLTW** (SLTW)을 추가해 봅니다.

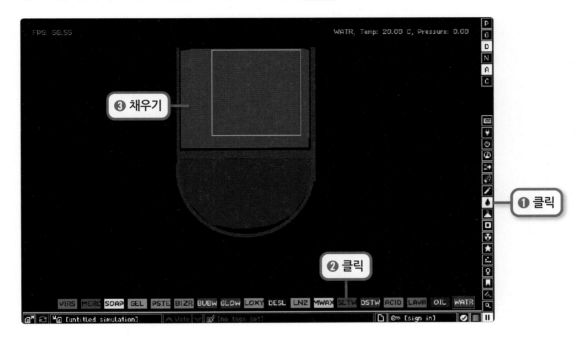

❸ 기체가 빠져나갈 통로를 만들기 위해 [(벽)]–[(기체통과벽)]을 선택합니다.

❹ 브러시 크기를 작게 조절한 후 그릇 위쪽에 (기체통과벽)을 설치합니다.

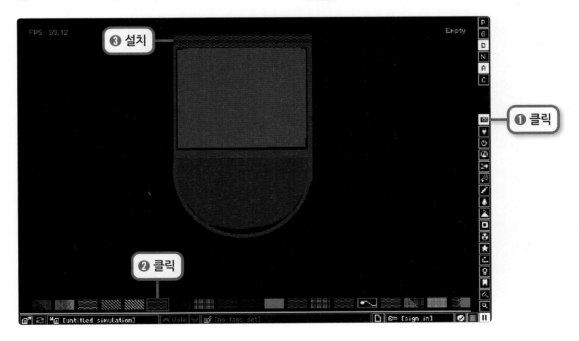

 **Tip**　Shift를 이용하여 (기체통과벽)을 설치합니다.

❶ OIL (OIL)에 불을 붙이기 위해 [🎆 (폭발물)]−[FIRE (FIRE)]를 선택합니다.

❷ OIL (OIL)쪽 빈 공간에서 마우스 왼쪽 버튼을 클릭하여 OIL (OIL)에 불을 붙여 봅니다.

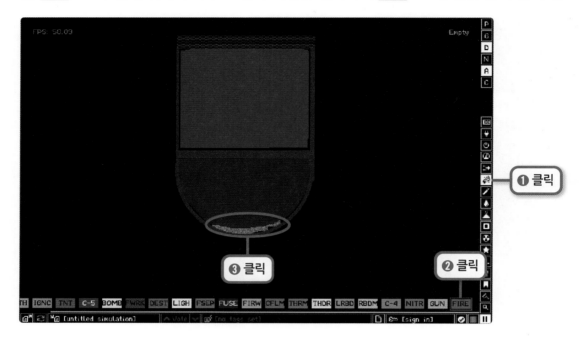

❸ 불이 붙으면 물은 증발하고, 소금만 남는지 확인해 봅니다.

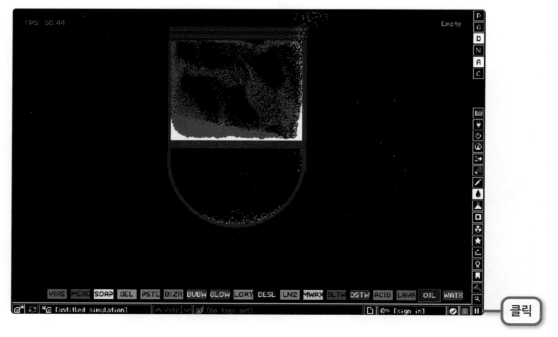

 Tip 오일이 부족하면 오일을 계속 추가하여 물은 증발하고 소금(흰색)만 남는지 확인합니다.

내 맘대로 실험하기

01 물질을 이용하여 둥근 그릇을 만든 후 증류수 DSTW (DSTW)를 채워봅니다.

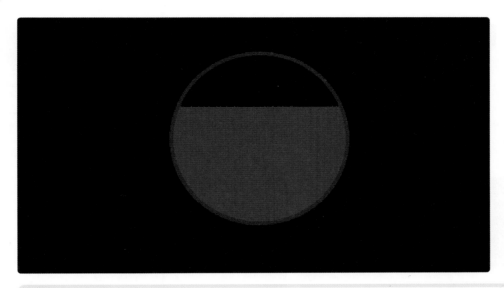

조건
- [⚡ (전기)]−[METL (METL)]을 이용하여 그릇을 완성합니다.
- [💧 (액체)]−[DSTW (DSTW)]를 이용하여 그릇에 증류수를 채워 봅니다.

02 증류수 안에 소금을 넣어 소금이 녹으면 소금물이 되는지 확인해 봅니다.

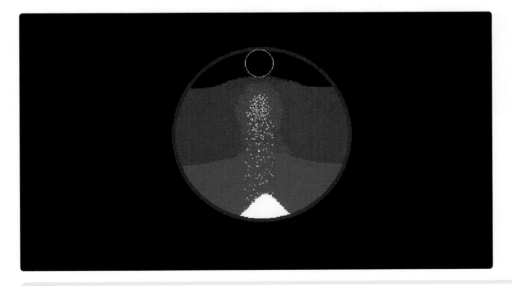

조건
- [⛰ (가루)]−[SALT (SALT)]을 이용하여 DSTW (DSTW) 위에서 뿌려봅니다.

06
Chapter

파티가 열리는 바닷가

학습내용 알아보기

• 폭죽을 설치하여 밤하늘을 빛나게 만들어 봅니다.
• 바닷물로 증류수를 만들어 봅니다.
• 폭탄을 이용하여 바닷물을 끓여 봅니다.

실험 과정

[바닷물 채우기]

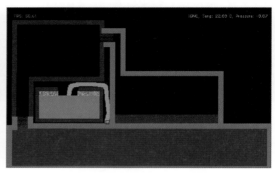

[TNT 설치하기]

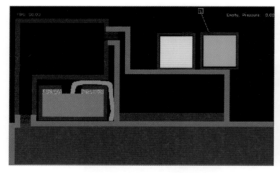

[중성자와 먼지 설치하기]

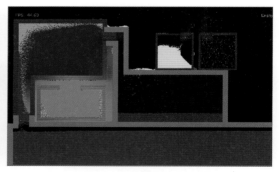

[실험하기]

실험 물질

사용 물질	물질 설명
METL (METL)	메탈 그릇을 만들 수 있습니다.
OIL (OIL)	불을 피울 수 있는 연료입니다.
SLTW (SLTW)	소금물입니다.
FIRE (FIRE)	불입니다.

TPT 실험실

▶▶ 파티가 열린 바닷가를 상상해 보며 그동안 알게 된 사실로 파티장에 필요한 물품을 만들어 봅니다. [미션]을 확인하고, 필요한 물질은 자유롭게 사용해 봅니다.

 미션을 어떻게 해결할지 스케치해 보세요.

[미션] 1. 밤하늘에 폭죽 터트리기
          2. 바닷물을 끓여 식수 만들기
          3. 바닷물을 끓일 때 TNT 사용하기

▶▶ 메탈을 이용하여 바닷물을 끓일 그릇을 만들고, TNT를 설치한 후 도화선에 불을 붙여 물을 끓여 봅니다. 그런 다음 팬을 설치하여 중성자와 먼지가 만날 수 있도록 실험을 해봅니다.

01 바닷물 가져오기

❶ (파우더 토이) 아이콘을 더블 클릭하여 프로그램을 실행합니다.

❷ 우선 실험을 위해 파우더 토이 실행 창 오른쪽 하단의 재생(⏸) 버튼을 클릭하여 물질의 이동을 멈춥니다.

❸ [▦ (벽)]−[▬ (기초벽)]과 [🔥 (액체)]−[SLTW (SLTW)]로 바다에서 물을 끌어올 수 있도록 통로를 만들어 봅니다.

Tip 기초벽은 [▦ (벽)]−[▬ (벽 제거)]를 통해 삭제할 수 있습니다.

Tip 통로는 Shift 를 누른 채 드래그하여 그립니다.

02 송풍기 만들기

❶ [▦ (벽)]−[▬ (FAN)]을 이용하여 송풍기를 설치합니다.

❷ Shift 를 누른 채 ▬ (FAN)의 방향을 위쪽으로 설정합니다.

03 바닷물을 담을 그릇 만들기

❶ [🔌 (전기)]–[METL (METL)]과 [🧱 (벽)]–[██ (기초벽)], [🧱 (벽)]–[▓▓ (기체통과벽)]을 이용하여 바닷물을 담을 그릇과 증류수를 담을 그릇을 만듭니다.

❷ 증류수 그릇 바닥에 METL (METL)을 설치하여 수증기가 물이 되도록 도와줍니다.

❸ 기체만 통과될 수 있도록 METL (METL)과 ██ (기초벽) 사이에 ▓▓ (기체통과벽)을 설치합니다.

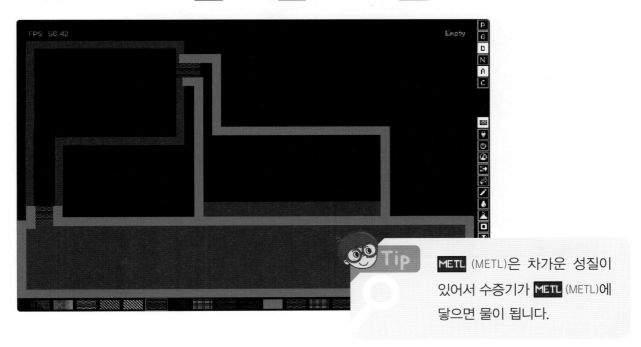

Tip METL (METL)은 차가운 성질이 있어서 수증기가 METL (METL)에 닿으면 물이 됩니다.

04 TNT로 물 끓이기

❶ [🔌 (전기)]–[METL (METL)]과 [💥 (폭발물)]–[NITR (NITR)], [⚗ (가루)]–[CLST (CLST)], [💥 (폭발물)]–[IGNC (IGNC)]을 이용하여 TNT를 만듭니다.

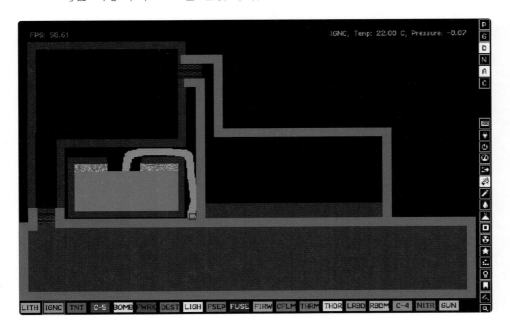

05 중성자와 먼지 설치하기

❶ [⚡ (전기)]−[METL (METL)]과 [⛏ (가루)]−[DUST (DUST)], [☢ (방사능)]−[NEUT (NEUT)]을 이용하여 중성
자와 먼지를 설치합니다.

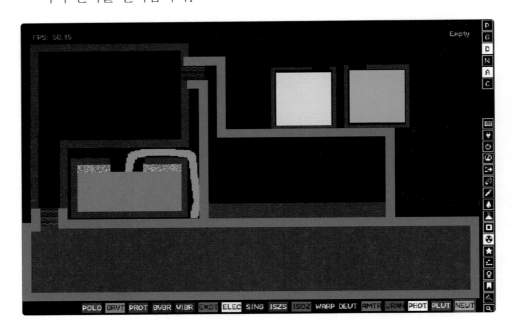

06 팬을 설치하고 실험하기

❶ [⊞ (벽)]−[▓▓▓ (FAN)]을 이용하여 송풍기를 설치합니다.

❷ Shift 를 누른 채 ▓▓▓ (FAN)의 방향을 위쪽으로 설정합니다.

❸ 정지(Ⅱ) 버튼을 클릭하여 시뮬레이션을 실행합니다.

❹ [💥 (폭발물)]−[FIRE (FIRE)]로 도화선에 불을 붙입니다.

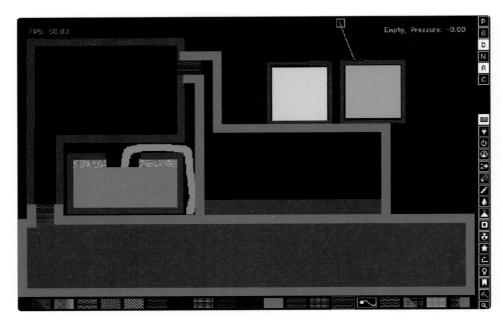

내 맘대로 실험하기

01 산불의 모습을 표현해 봅니다.

조건
- [■ (고체)]−[WOOD (WOOD)]와 [■ (고체)]−[PLNT (PLNT)]를 이용하여 산림을 그립니다.
- [(폭발물)]−[FIRE (FIRE)]로 나무에 불을 붙여봅니다.

02 물을 뿌려 산불을 꺼봅니다.

조건
- [(전기)]−[METL (METL)]을 이용하여 물을 담을 그릇을 만듭니다.
- [(액체)]−[WATR (WATR)]와 [(벽)]−[(FAN)]을 이용하여 불을 꺼봅니다.

07

Chapter

물 얼리는 마법

학습내용 알아보기

- 물탱크에 물을 담을 수 있습니다.
- 얼음을 담을 냉각 케이스를 만들 수 있습니다.
- 그릇에 얼음을 채울 수 있습니다.
- 물탱크의 물을 천천히 옮길 수 있습니다.

실험 과정

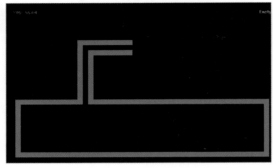

[물탱크 만들기]

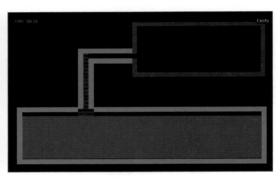

[냉각 케이스 만들기]

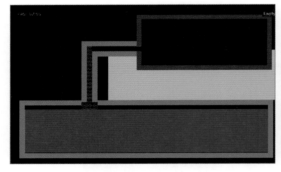

[얼음 설치하기]

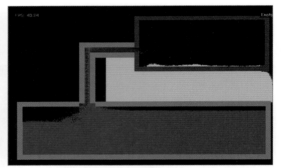

[실험하기]

실험 물질

사용 물질	물질 설명
(기초벽)	벽을 세울 수 있습니다.
WATR (WATR)	물입니다.
(FAN)	송풍기로 지정한 방향으로 가루, 액체, 기체, 에너지 입자, 압력, 중력 등을 날릴 수 있습니다.
METL (METL)	메탈 그릇을 만들 수 있습니다.
ICE (ICE)	차가운 얼음입니다.

▶▶ ■■■ (기초벽)과 METL (METL), ICE (ICE)를 이용하여 물탱크와 냉각 케이스를 만든 후 물탱크에 WATR (WATR)을 가득 담습니다. ■■■ (FAN)으로 송풍기를 설치하여 물탱크에서 적은 양의 물이 조금씩 냉각 케이스로 이동하면 물이 어떻게 변하는지 실험해 봅니다.

물과 얼음의 부피와 무게에는 변화가 있을까?

여름철 음료수를 얼려 먹어본 경험이 있나요?

음료수를 얼리면 음료수 병이 단단해지면서 얼기 전보다 부피가 늘어난 모습을 확인할 수 있습니다. 하지만 음료수가 녹으면 어떤가요? 단단했던 얼음이 녹으면서 원래 모습을 되찾습니다. 물은 얼음이 되면 부피는 늘어날 수 있어도 무게는 늘어나지 않습니다.

물을 얼음으로 얼릴 수 있을까?

여름철 아이스박스에 얼음을 가득 넣고 음료수를 판매하는 모습을 본 적이 있지요?

얼음은 물을 차갑게 만들어 줍니다. 적은 양의 물이라면 얼릴 수도 있겠지요. 하지만 많은 양의 물은 차가운 얼음도 녹게 합니다. 그런데 얼음에 소금을 뿌리면 물을 더 쉽게 얼릴 수 있습니다.

물은 0℃ 이하에서 어는 데 순수한 얼음의 온도는 −5℃ 정도 됩니다. 여기에 소금을 뿌리면 얼음이 녹으면서 온도가 −24℃까지 떨어지게 됩니다. 그리고 물병을 넣으면 어떻게 될까요? 순수 얼음보다 소금을 넣은 얼음물이 더 차갑기 때문에 물을 얼릴 수 있게 됩니다.

적은 양의 물이 얼음을 만났을 때 어떤 반응을 보이는지 작품을 만들어 보며 함께 확인해 봅니다.

02

파우더 토이로 화학 실험하기

▶▶ 물탱크에 물을 가득 채운 후 얼음 통으로 물을 천천히 옮기기 위해 송풍기를 설치합니다.
그런 다음 얼음으로 물을 얼리기 위해 냉각 케이스에 얼음을 추가하는 실험을 확인해 봅니다.

01 물탱크 만들기

❶ ▦ (파우더 토이) 아이콘을 더블 클릭하여 프로그램을 실행합니다.

❷ 우선 실험을 위해 파우더 토이 실행 창 오른쪽 하단의 재생(⏸) 버튼을 클릭하여 물질의 이동을
멈춥니다.

❸ 물탱크를 만들기 위해 [▦(벽)]–[■(기초벽)]을 선택합니다.

❹ 브러시 모양을 네모로 변경한 후 브러시 크기를 작게 조절하여 물탱크를 그립니다.

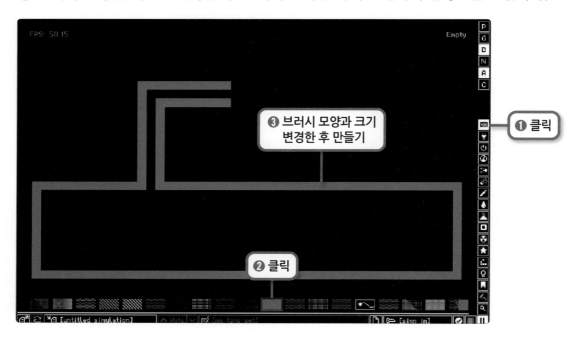

 물탱크를 만들 때 물이 빨려 올라가는 길목은 좁게 만들어야 물이 빠르게
올라가는 것을 막을 수 있습니다. 물이 조금씩 올라가야 어는 모습을 확인
할 수 있습니다.

02 물탱크에 물 채우기

❶ 물탱크에 물을 채우기 위해 [🔥(액체)]-[**WATR** (WATR)]을 선택합니다.

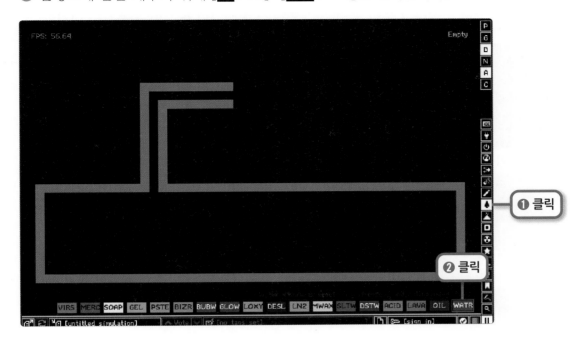

❷ 브러시 크기를 크게 조절한 후 물탱크 안에 물을 채워봅니다.

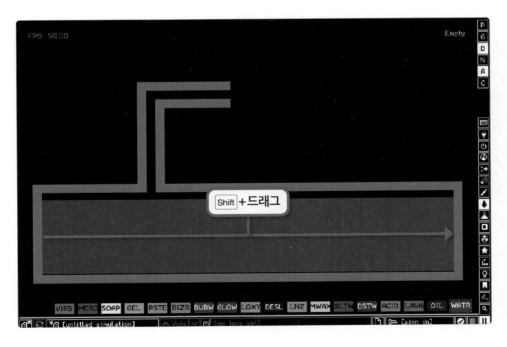

 Shift를 누른 채 마우스 왼쪽 버튼을 클릭하여 드래그하면 물을 쉽게 추가할 수 있습니다.

송풍기를 설치하여 물 이동시키기

❶ 물을 끌어올리기 위해 [▣(벽)]–[▨(FAN)]을 선택합니다.

❷ 브러시 크기를 작게 조절하여 물이 빨려 올라오는 길목에 그림과 같이 송풍기를 설치합니다.

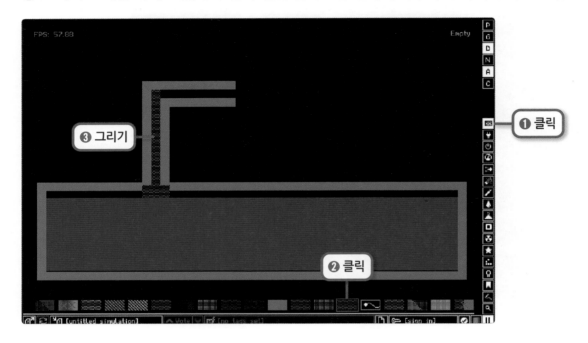

❸ Shift 를 누른 채 송풍기의 방향을 위쪽으로 드래그합니다.

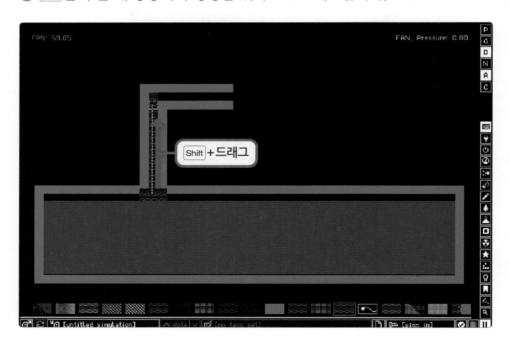

04 냉각 케이스 만들기

❶ 냉각 케이스를 만들기 위해 [🔌(전기)]-[METL (METL)]을 선택합니다.

❷ 브러시 크기를 크게 조절한 후 냉각 케이스를 만듭니다.

❸ Shift + 마우스 오른쪽 버튼을 누른 채 왼쪽에서 오른쪽으로 드래그하여 냉각 케이스 안에 공간을 만듭니다.

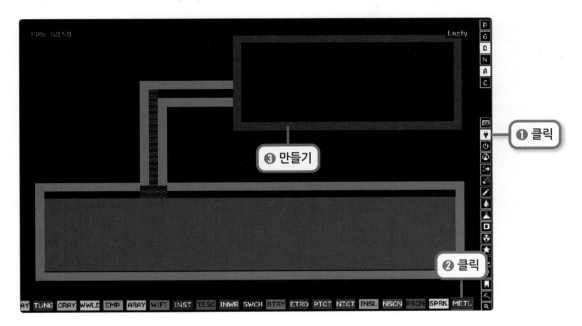

 **Tip** METL (METL) 주변에 얼음을 놓으면 METL (METL)이 얼음과 같은 온도로 떨어집니다.

❹ 마우스 오른쪽 버튼을 클릭하여 물이 들어오는 통로와 냉각 케이스 사이에 벽을 뚫습니다.

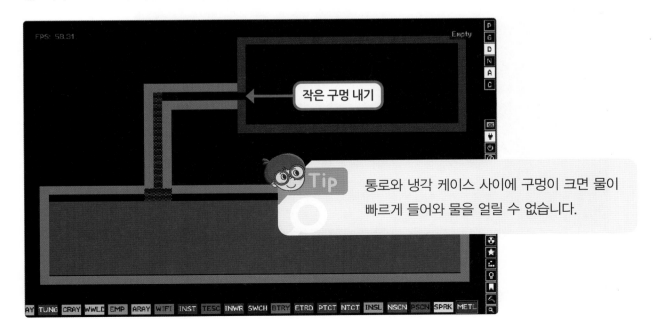

Tip 통로와 냉각 케이스 사이에 구멍이 크면 물이 빠르게 들어와 물을 얼릴 수 없습니다.

❺ 냉각 케이스를 얼리기 위해 [■ (고체)-[ICE (ICE)]를 선택합니다.

❻ 브러시 크기를 크게 조절하여 냉각 케이스 주변에 아이스를 추가합니다.

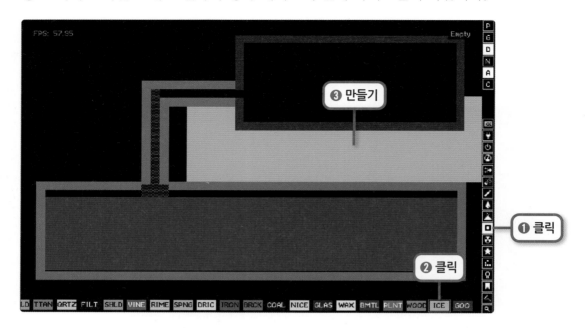

 Tip 실험 시 시간이 지나면 ICE (ICE)가 녹기 때문에 ICE (ICE)를 계속 추가해 줍니다.

❼ 시뮬레이션을 실행하여 냉각 케이스에 빨려 들어간 물이 얼음이 되는지 확인해 봅니다.

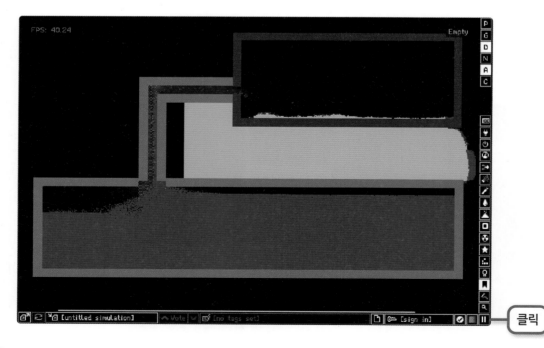

 Tip 물이 송풍기에 잘 빨려 들어가지 않으면 물 가까이에 송풍기를 더 설치해 봅니다.

Chapter 07

✦ 내 맘대로 실험하기

01 둥근 물탱크 2개를 만든 후 안쪽 물탱크에 물을 담아 봅니다.

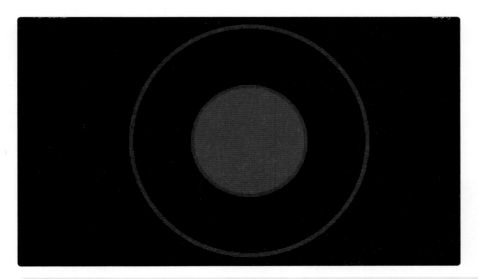

> 조건
> - [🔌 (전기)]−[**METL** (METL)]을 이용하여 그릇을 완성합니다.
> - [🔥 (액체)]−[**WATR** (WATR)]을 이용하여 물탱크에 물을 채워봅니다.

02 바깥쪽 물탱크 주변에 얼음을 추가한 후 소금을 뿌려 봅니다. 안쪽에 물이 녹지 않는지 확인합니다.

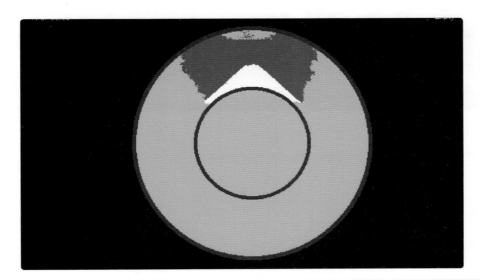

> 조건
> - [⬛ (고체)]−[**ICE** (ICE)]을 이용하여 물탱크 주변에 얼음을 추가합니다.
> - [⛰ (가루)]−[**SALT** (SALT)]을 얼음 주변에 뿌립니다.

08
Chapter

사물을 녹이는 용암

학습내용 알아보기

• 그릇을 만들 수 있습니다.
• 그릇에 용암을 담을 수 있습니다.
• 물질을 용암에 넣으면 어떤 변화가 생기는지 실험해 볼 수 있습니다.

실험 과정

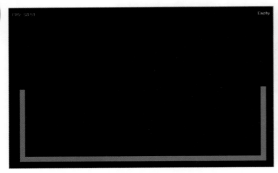

[그릇 만들기]

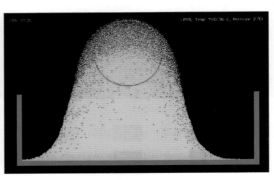

[용암 넣기]

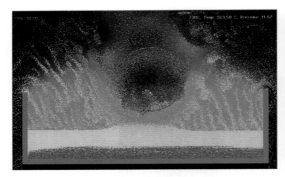

[물질 넣기]

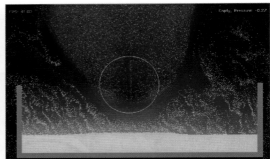

[실험하기]

실험 물질

사용 물질	물질 설명
(기초벽)	벽을 세울 수 있습니다.
LAVA (LAVA)	용암입니다.
WOOD (WOOD)	나무입니다.
PLNT (PLNT)	풀입니다.
SLTW (SLTW)	소금물입니다.
GAS (GAS)	가스입니다.

▶▶ ██ (기초벽)으로 그릇을 만든 후 `LAVA` (LAVA)를 그릇에 가득 채웁니다. 용암에 다양한 물질 `WOOD` (WOOD), `PLNT` (PLNT), `SLTW` (SLTW), `GAS` (GAS)을 넣어보고, 물질에 따라 용암의 변화와 위험성을 실험해 봅니다.

마그마와 용암의 차이

마그마는 화산이 폭발하기 전 지하에 광물이 녹아 있는 형태입니다. 광물이 녹아 있는 마그마의 온도는 1,300~1,650℃가 됩니다.

그럼 용암은 무엇일까요? 용암은 화산이 폭발하여 지하에 있던 마그마가 분출하며 지표면으로 나온 것을 의미합니다.

용암은 얼마나 뜨거울까?

용암은 지하에서 뿜어져 나올 때가 가장 뜨겁습니다. 이후 시간이 지나면서 용암의 온도는 내려갑니다.

용암은 시간이 지나면서 색이 변하는데 처음 뿜어져 나왔을 때가 가장 밝습니다. 가장 밝을 때에 온도가 1,200℃이고, 이후 점차 식습니다.

다양한 물질이 용암에 닿으면 어떤 반응을 보이는지 작품을 만들어 보며 함께 확인해 봅니다.

▶▶ 소금물을 끓일 그릇을 만든 후 오일을 담아 보고, 만들어 놓은 그릇에 용암을 채워봅니다.
그런 다음 용암은 얼마나 뜨거운지 다양한 물질을 넣어 그 변화를 확인해 봅니다.

01 그릇에 오일 담기

❶ ▨ (파우더 토이) 아이콘을 더블 클릭하여 프로그램을 실행합니다.

❷ 용암을 담을 그릇을 만들기 위해 [▨(벽)]–[▨(기초벽)]을 선택합니다.

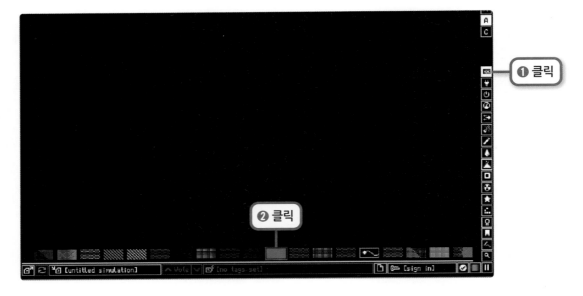

❸ 브러시 크기를 작게 변경한 후 Shift + 마우스 왼쪽 버튼을 누른 채 드래그하여 용암을 담을 그릇을 만들어 봅니다.

Tip ▨ (기초벽)은 아무런 기능이 없으므로 용암에 녹지 않습니다.

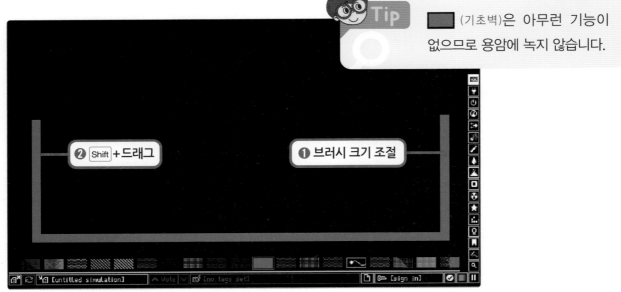

02 **용암 채우기**

❶ 용암을 그릇에 채우기 위해 [🔥 (액체)]−[LAVA (LAVA)]를 선택합니다.

❷ 브러시 크기를 크게 조절한 후 용암 그릇 위에서 마우스 왼쪽 버튼을 클릭하여 용암을 그릇에 가득 담아 봅니다.

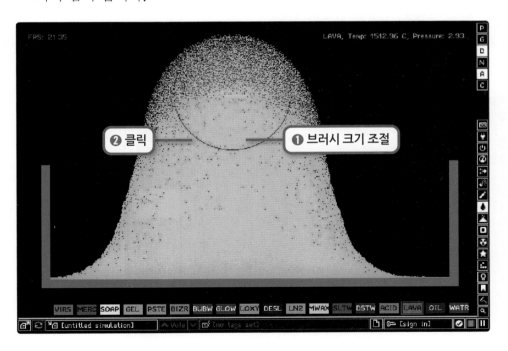

 위 실험을 통해 실제 용암이 하늘에서 떨어지게 된다면 용암이 어떤 모습을 하는지 확인할 수 있습니다.

❶ 용암에 나무와 식물을 넣어 보기 위해 [■ (고체)]–[WOOD (WOOD)]를 선택합니다.
❷ 용암 위에서 마우스 왼쪽 버튼을 클릭하여 WOOD (WOOD)가 용암에 닿으면 어떻게 되는지 관찰해 봅니다.

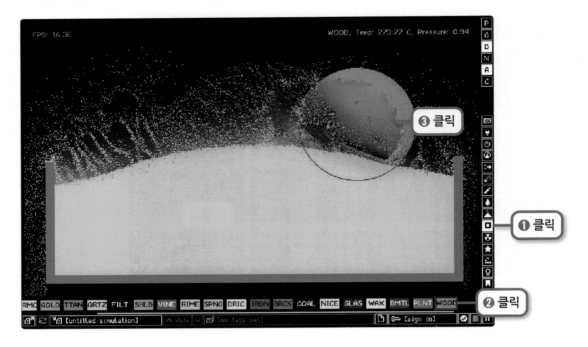

❸ 그런 다음 [■ (고체)]–[PLNT (PLNT)]를 선택합니다.
❹ 용암 위에서 마우스 왼쪽 버튼을 클릭하여 PLNT (PLNT)가 용암에 닿으면 어떻게 되는지 관찰해 봅니다.

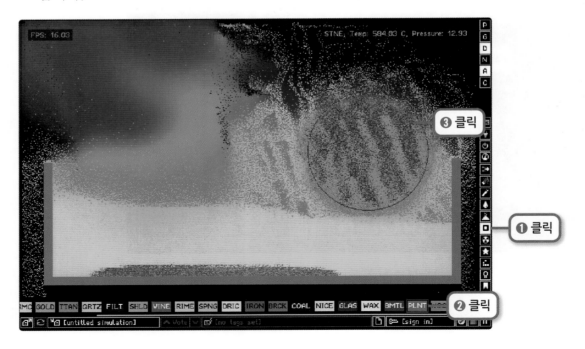

❺ 용암에 소금물을 부어보기 위해 [🔥 (액체)]-[SLTW (SLTW)]를 선택합니다.

❻ 용암 위에서 마우스 왼쪽 버튼을 클릭하여 소금물을 부어 봅니다.

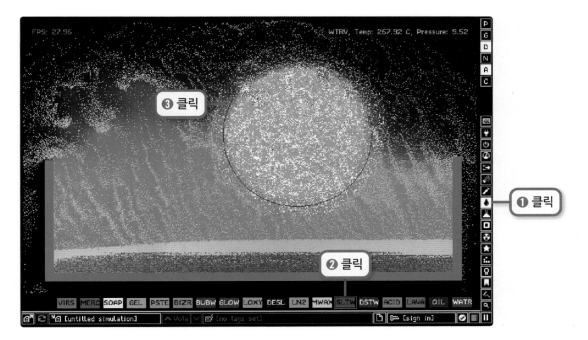

❼ 소금물이 용암에 닿는 순간 소금이 생기는 모습을 관찰해 봅니다.

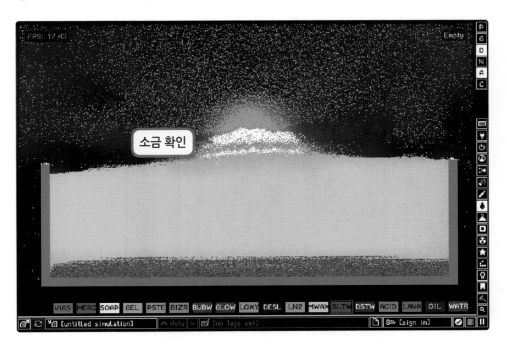

 이외에도 다양한 물질을 용암에 넣어 반응을 살펴봅니다.

❽ 용암에 연료(디젤)를 부어보기 위해 [🔥 (액체)]−[DESL (DESL)]을 선택합니다.

❾ 용암 위에서 마우스 왼쪽 버튼을 클릭합니다.

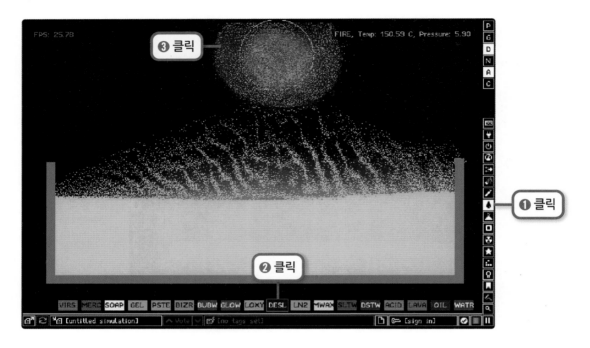

❿ DESL (DESL)에 용암이 닿자마자 불이 붙는 모습을 관찰해 봅니다.

⓫ [✏ (기체)]−[GAS (GAS)]도 선택하여 용암에 넣어 보고 모습을 관찰해 봅니다.

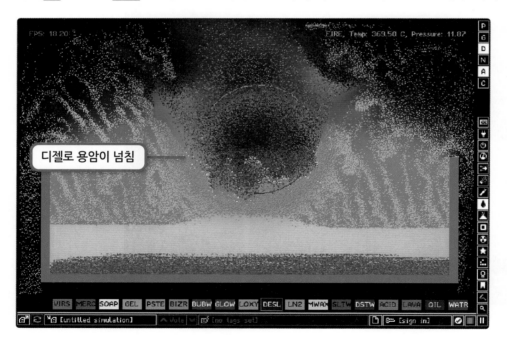

 기름이 부어지면서 용암의 양이 불어나 넘치는 모습을 확인할 수 있습니다.

Chapter 08

내 맘대로 실험하기

01 둥근 그릇을 만든 후 연료 **DESL** (DESL)을 채워봅니다.

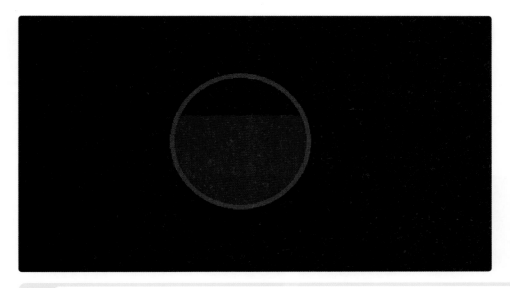

조건
- [⚡ (전기)]−**METL** (METL)을 이용하여 그릇을 완성합니다.
- [🔥 (액체)]−**DESL** (DESL)을 그릇 안에 채워 봅니다.

02 그릇 안에 **LAVA** (LAVA)를 넣어보고, **DESL** (DESL)과 **METL** (METL)에 어떤 변화가 있는지 확인해 봅니다.

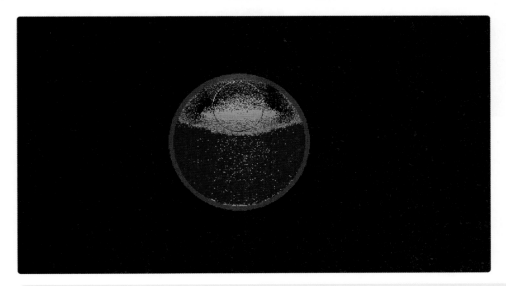

조건
- [🔥 (액체)]−**LAVA** (LAVA)를 그릇 안에 넣어봅니다.

09

Chapter

위험한 먼지

학습내용 알아보기

- 모닥불을 만들 수 있습니다.
- 공중에 먼지를 뿌릴 수 있습니다.
- 공중에 떠다니던 먼지에 불이 붙으면 어떻게 되는지 실험해 볼 수 있습니다.

실험 과정

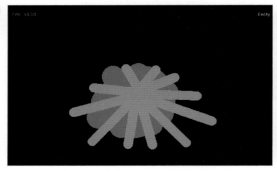

[장작 그리기]

[먼지 뿌리기]

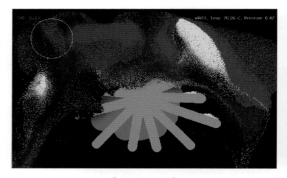

[물 뿌리기]

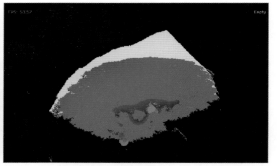

[실험하기]

실험 물질

사용 물질	물질 설명
WOOD (WOOD)	나무입니다.
PLNT (PLNT)	식물입니다.
FIRE (FIRE)	불입니다.
DUST (DUST)	공중에 떠다니는 먼지입니다.

01 TPT 실험실

▶▶ `WOOD` (WOOD)와 `PLNT` (PLNT)으로 장작을 쌓습니다. 장작에 `FIRE` (FIRE)로 불을 붙여 놓고, 장작 위에 `DUST` (DUST)를 뿌립니다. 먼지가 날리는 곳에 불씨가 붙으면 어떤 위험이 있는지 그리고 불이 붙었을 때 젖은 먼지와 마른 먼지는 어떤 점이 다른지 실험해 봅니다.

밀가루 공장이 폭발한 이유

밀가루 공장이 폭발하는 사건이 있었습니다. 밀가루 공장은 위험한 요소를 다루는 공장이 아닙니다. 그런데 폭발이 일어난 이유는 무엇일까요?

이유는 분진폭발입니다. 분진폭발은 많은 양의 가루입자가 공기 중에 떠있을 때 열이 가해지면서 폭발하는 것을 말합니다.

분진폭발을 방지하려면 무엇을 해야 할까?

정기적으로 분진을 청소하고 제거해야 합니다.

분진이 날리는 내부를 자주 환기시켜야 하고, 수분을 뿌려 화재를 방지합니다. 또한 분진폭발의 원인이 될 수 있는 점화원(불꽃 등)을 제거해야 합니다.

먼지에 불이 붙으면 어떤 반응을 보이는지 작품을 만들어 보며 함께 확인해 봅니다.

파우더 토이로 화학 실험하기

▶▶ 나무와 풀로 만든 모닥불에 불을 붙여 보고, 공중에 떠다니던 먼지에 불이 붙으면 어떻게 되는지 실험을 확인해 봅니다.

01 장작 쌓기

❶ (파우더 토이) 아이콘을 더블 클릭하여 프로그램을 실행합니다.

❷ 장작을 만들기 위해 [■ (고체)]−[WOOD (WOOD)]를 선택합니다.

❸ Shift + 마우스 왼쪽 버튼을 누른 채 드래그하여 나무를 쌓아 봅니다.

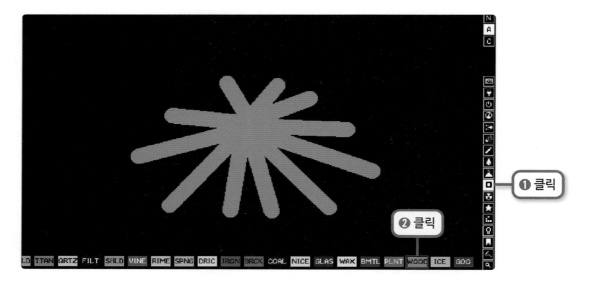

❶ 클릭
❷ 클릭

❹ 나무에 풀을 그리기 위해 [■ (고체)]−[PLNT (PLNT)]를 선택합니다.

❺ 브러시 크기를 변경한 후 마우스 왼쪽 버튼을 클릭하여 풀을 그려봅니다.

Tip
• 브러시 크기 조절 : 마우스 휠을 위나 아래로 밀기
• 브러시 모양 변경 : Tab

❶ 클릭
❷ 클릭

02 장작에 불붙이기

❶ 장작에 불을 붙이기 위해 [(폭발물)]−[FIRE (FIRE)]를 선택합니다.

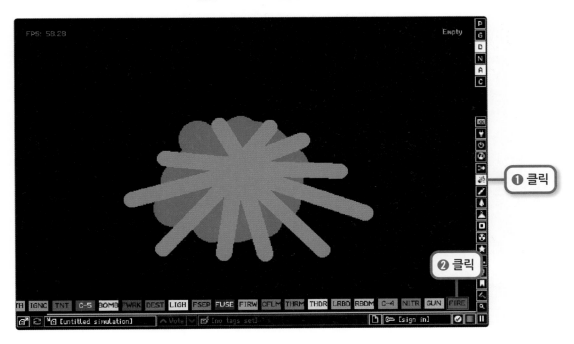

❷ 브러시 크기를 크게 변경한 후 마우스 왼쪽 버튼을 클릭하여 장작 위에 불을 붙여 봅니다.

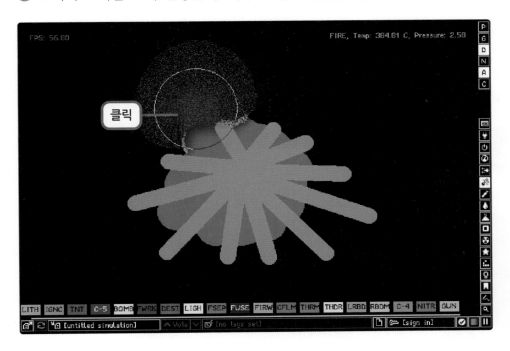

Tip 고체의 물질은 처음 그려진 물질이 앞에 표현되고, 두 번째 그려진 물질이 뒤쪽에 표현되므로 순서를 생각하며 작업하는 것이 좋습니다.

❶ 모닥불 위에 먼지를 뿌리기 위해 [🎇 (가루)]−[**DUST** (DUST)]를 선택합니다.

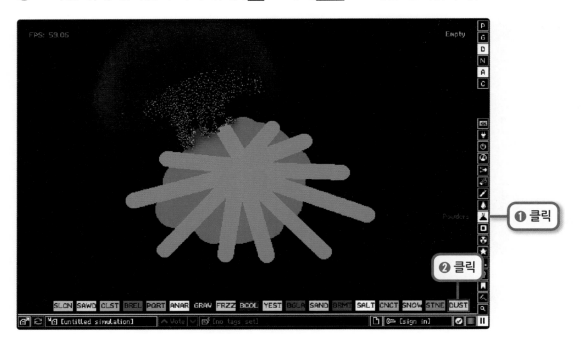

 먼지를 뿌리기 전에 불씨로 인해 모닥불이 전부 타 버릴 수 있으니 시뮬레이션을 멈추고 작업하는 것이 좋습니다.

❷ 마우스 왼쪽 버튼을 누른 채 드래그하여 모닥불 위에서 먼지를 공중에 뿌려봅니다.

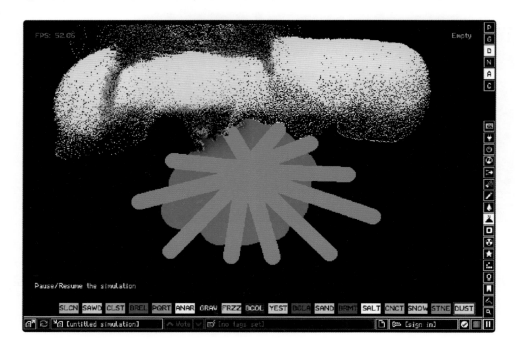

❸ 많은 먼지가 불에 닿으면 어떤 위험이 있는지 확인해 봅니다.

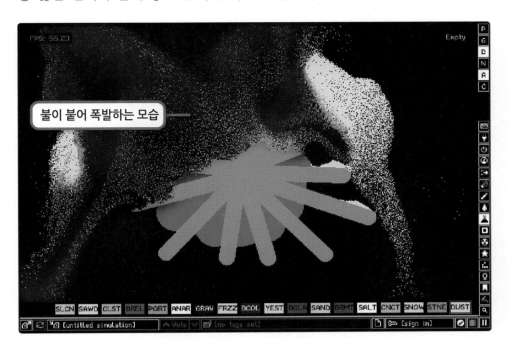

❹ 화력이 강해진 불을 끄기 위해 [🔥(액체)]–[WATR(WATR)]을 선택합니다.

❺ 마우스 왼쪽 버튼을 누른 채 드래그하여 모닥불 위에 물을 뿌려 불을 진압해 봅니다.

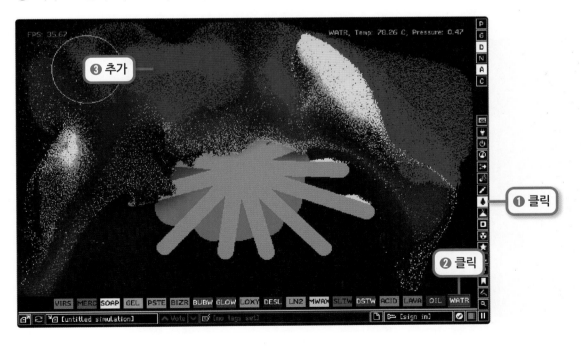

 불이 꺼질 때까지 물을 계속 뿌려 봅니다.

❻ 불이 꺼진 장작에 [🗻 (가루)]−[**DUST** (DUST)]를 다시 뿌리고 그 위에 [🔥 (액체)]−[**WATR** (WATR)]을 뿌려 먼지를 적셔봅니다.

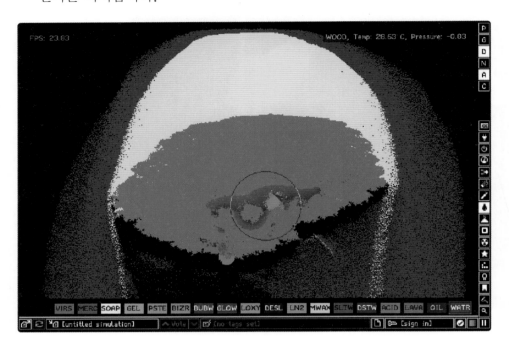

❼ 젖은 가루에 [💥 (폭발물)]−[**FIRE** (FIRE)]를 선택한 후 클릭해봅니다.

❽ 젖은 가루와 공중에 떠 있는 가루가 불이 붙었을 때 어떻게 다른지 확인해 봅니다.

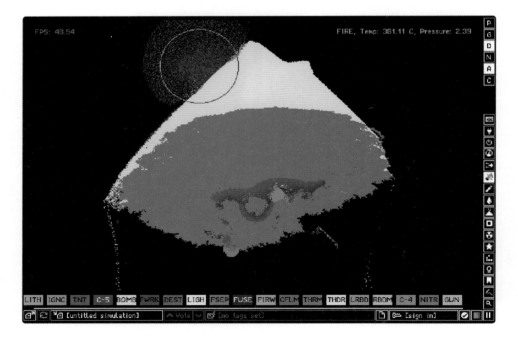

Chapter 09

내 맘대로 실험하기

01 나무를 이용하여 폭탄 틀을 만들고, 틀 안에 먼지를 채워 봅니다.

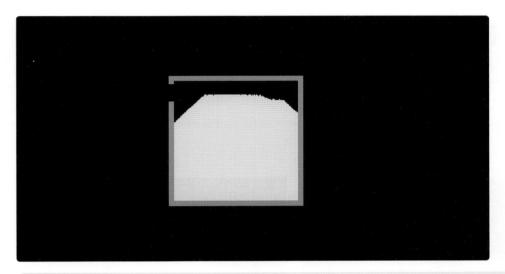

조건
- [■ (고체)]−[**WOOD** (WOOD)]를 이용하여 폭탄 틀을 만들어 봅니다.
- [▲ (가루)]−[**DUST** (DUST)]를 폭탄 틀 안에 채워 봅니다.

02 먼지와 연결된 도화선을 만들고, 불을 붙여 실험한 모습이 공중에 떠 있는 먼지와 모여 있는 먼지가 어떻게 다른지 확인해 봅니다.

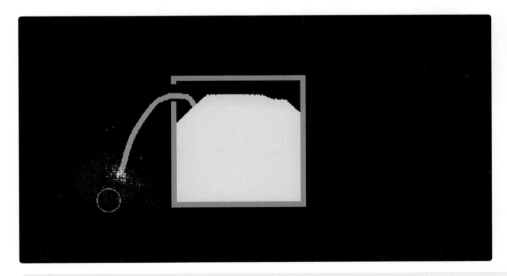

조건
- [※ (폭발물)]−[**IGNC** (IGNC)]를 이용하여 먼지와 연결된 도화선을 그립니다.
- [※ (폭발물)]−[**FIRE** (FIRE)]를 이용하여 도화선에 불을 붙여 봅니다.

블랙홀 청소기

파우더 토이

10
Chapter

학습내용 알아보기

• 파우더 토이 샘플 파일을 불러올 수 있습니다.
• 블랙홀을 만들 수 있습니다.
• 도시 전체가 블랙홀에 빨려 들어가는지 실험해 볼 수 있습니다.

실험 과정

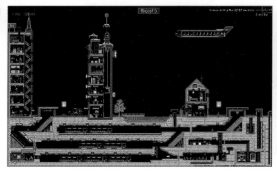

[샘플 파일 불러오기]

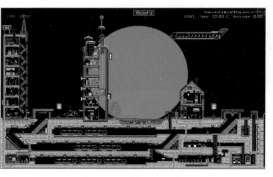

[GRVT 설치하기]

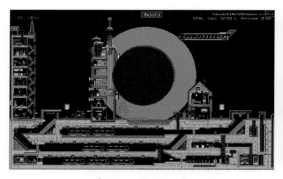

[SING 설치하기]

[실험하기]

실험 물질

사용 물질	물질 설명
GRVT (GRVT)	뉴턴의 중력 모드가 실행되면 다른 물질을 끌어 모읍니다.
SING (SING)	블랙홀의 중심으로 물질을 흡수한 뒤 사라집니다.
GAS (GAS)	가스입니다.

01 TPT 실험실

▶▶ 중력모드를 실행한 후 **GRVT** (GRVT)과 **SING** (SING)으로 가상의 블랙홀을 도시에 만들고, 도시 주변에 **GAS** (GAS)를 뿌려 놓습니다. 시뮬레이션을 실행했을 때 블랙홀의 중력이 얼마나 강한지 실험해 봅니다.

블랙홀이란?

별은 약 75%의 수소와 약 25%의 헬륨으로 이루어져 있는데 그 양이 상상하기 힘들 만큼 많아 중력이 강합니다. 별은 이 중력을 이기기 위해 수소를 태워 헬륨을 만드는데 이때 만들어진 빛이 압력을 만들어 중력을 버티게 됩니다.

그런데 무거운 별의 중심부에서 더 이상 태울 수 있는 수소가 소진되면 중력을 이길 힘이 없기 때문에 별이 폭발을 일으키고, 별의 중심부는 가운데로 뭉쳐지면서 밀도가 높아지는데 이것을 블랙홀이라고 합니다. 블랙홀은 중력이 강해 빛조차도 빠져 나올 수 없다고 합니다.

보이지 않는 블랙홀을 어떻게 찾은 걸까?

우주에 있는 별 중에는 절반 이상이 쌍으로 존재합니다. 이런 별을 쌍성 또는 연성이라 부르는데 두 개의 별이 공통적인 질량 중심을 가지고 공전하는 것을 뜻합니다. 이런 쌍성 중에 무거운 별이 블랙홀이 되면, 우리 눈에는 남은 별(동반성)만 보이고, 블랙홀은 보이지 않게 됩니다. 하지만 블랙홀은 질량을 가지고 있기 때문에 두 별은 서로의 중력에 의해서 계속 주위를 돌게 됩니다. 하나의 별이 무언가의 주의를 계속 돌고 있는 모습이 관측된다면 블랙홀이 존재한다는 증거라고 생각할 수 있습니다.

(출처) YTN사이언스
https://m.science.ytn.co.kr/view.php?s_mcd=0082&key=202001131725131090

블랙홀이 폭발하면 어떤 반응을 보이는지 작품을 만들어 보며 함께 확인해 봅니다.

▶▶ 예제로 사용할 파일을 불러온 후 블랙홀을 만들어 봅니다. 그런 다음 Newtonian gravity를 활성화하여 도시 전체가 블랙홀에 빨려 들어가는지 실험을 확인해 봅니다.

01 파일 불러오기

❶ (파우더 토이) 아이콘을 더블 클릭하여 프로그램을 실행합니다.

❷ 샘플 파일을 불러오기 위해 [🗗 (Find & Open)]를 클릭합니다.

❸ 샘플 창이 열리면 [Destroyable city 5]를 찾아 클릭합니다.

🗗 (Find & Open)을 클릭하여 열린 파일들은 파우더 토이 사용자가 업로드한 파일로 다양한 실험을 관찰할 수 있습니다.

Tip Search에서 파일 이름을 검색하면 파일을 쉽게 찾을 수 있습니다.

❹ [Destroyable city 5]를 가져오기 위해 [Open] 버튼을 클릭합니다.

❺ [Destroyable city 5] 샘플 파일이 열리면 중력을 실행하기 위해 시뮬레이션 옵션(🔘)을 클릭합니다.

❻ [Simulation Options] 창이 열리면 Newtonian gravity를 클릭하여 활성화시킨 후 [OK] 버튼을 클릭합니다.

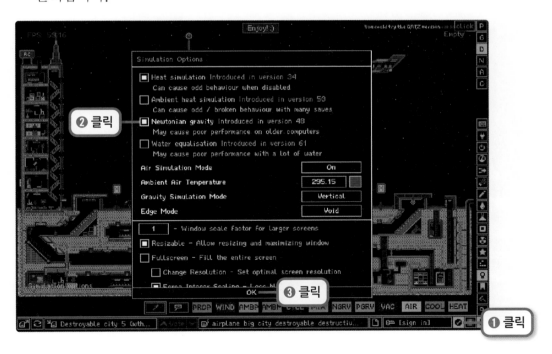

블랙홀 만들기

❶ 블랙홀을 만들기 위해 [(방사능)]-[GRVT (GRVT)]를 선택합니다.

❷ 브러시 크기를 크게 변경한 후 중력으로 빨아들이는 힘을 추가하기 위해 다음과 같이 마우스 왼쪽 버튼을 클릭하여 GRVT (GRVT)를 추가합니다.

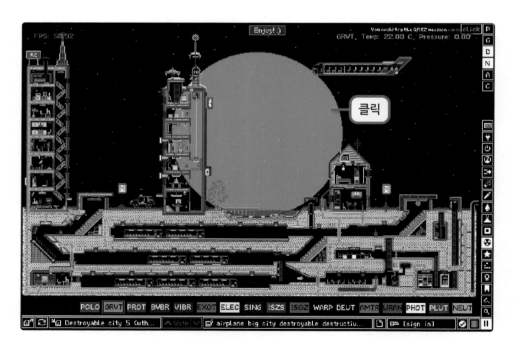

Tip GRVT (GRVT)는 뉴턴의 중력이 커지면 다른 물질들을 끌어당겨 뭉치게 합니다. 이 기능을 이용하면 행성도 만들 수 있습니다.

❸ 블랙홀을 추가하기 위해 마우스 오른쪽 버튼을 클릭하여 GRVT (GRVT) 중간에 공간을 만듭니다.

❹ 블랙홀의 중심을 만들기 위해 [☒ (방사능)]−[SING (SING)]를 선택합니다.
❺ 마우스 왼쪽 버튼을 클릭하여 GRVT (GRVT) 안에 SING (SING)를 채워봅니다.

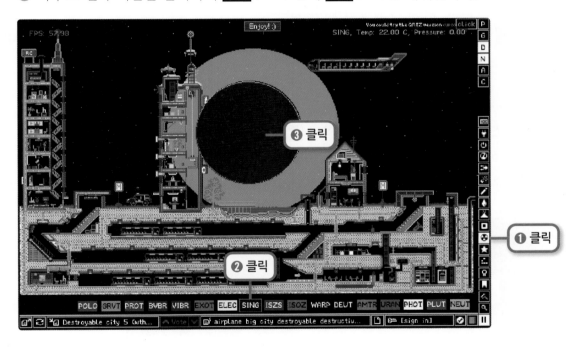

Tip 물질 안에 물질을 추가할 땐 물질이 서로 겹치지 않으므로 색칠하듯 그려 넣어도 됩니다.

03 블랙홀 장치 실행하기

❶ 시뮬레이션을 실행하여 블랙홀을 작동시킵니다.

❷ 블랙홀로 생긴 변화를 확인해 봅니다.

흡수되는 모습

클릭

Tip

- **GRVT** (GRVT)를 **SING** (SING)와 함께 사용하는 이유는 **GRVT** (GRVT)가 일정 시간 **SING** (SING)를 중력의 힘으로 묶어두기 위해 함께 사용합니다.

- **GRVT** (GRVT)의 힘이 약해지면 **SING** (SING) 블랙홀의 중심점은 혼자 가루 형태로 돌아다니며 물질을 흡수합니다.

❸ 블랙홀이 가스도 흡수하는지 확인하기 위해 [(기체)]−[**GAS** (GAS)]를 선택합니다.

❹ 마우스 휠을 아래로 밀어 브러시 크기를 변경한 후 도시 여러 곳에 가스를 뿌려 봅니다.

❺ 가스가 블랙홀 중심으로 이동하다 건물에 부딪히면 어떤 상황이 벌어지는지 확인합니다.

❸ 클릭

❶ 클릭

❷ 클릭

내 맘대로 실험하기

01 GRVT (GRVT)를 이용하여 행성을 만들어 본 후 GRVT (GRVT)가 사라지면 행성이 어떻게 되는지 확인해 봅니다.

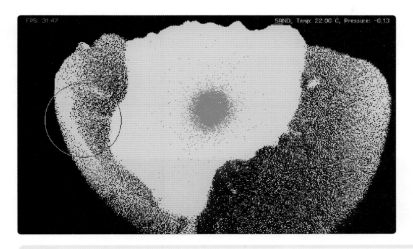

조건
- 시뮬레이션 옵션 Newtonian gravity를 활성화합니다.
- [🎛 (방사능)]─[GRVT (GRVT)]를 화면 중간에 추가합니다.
- [🔺 (가루)]─[SAND (SAND)]를 GRVT (GRVT) 주변에 뿌려 봅니다.

02 물탱크를 만든 후 물탱크 위에 GRVT (GRVT)를 추가하여 중력의 위치를 바꾸면 물의 모습이 어떻게 변하는지 확인해 봅니다.

조건
- [🧱 (벽)]─[⬜ (기초벽)]을 이용하여 물탱크를 만듭니다.
- [💧 (액체)]─[WATR (WATR)]를 선택하여 물탱크에 물을 채웁니다.
- [🎛 (방사능)]─[GRVT (GRVT)]를 물탱크 위에 추가합니다.

11 Chapter

레이저 총 만들기

학습내용 알아보기

- 레이저 총을 만들 수 있습니다.
- 레이저 총을 발사할 수 있습니다.
- 레이저의 열이 자연을 어떻게 훼손하는지 실험해 볼 수 있습니다.
- 레이저의 열이 얼마나 위험한지 실험해 볼 수 있습니다.

 실험 과정

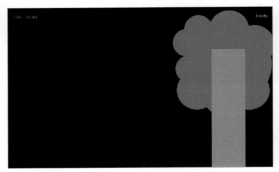

[나무 그리기]

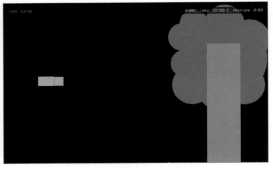

[레이저 총 만들기]

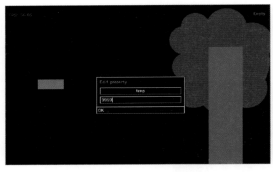

[온도 변경하기]

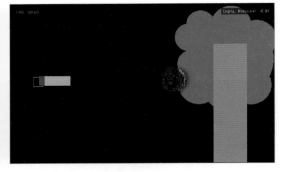

[실험하기]

실험 물질

사용 물질	물질 설명
WOOD (WOOD)	나무입니다.
PLNT (PLNT)	풀입니다.
ARAY (ARAY)	전도체를 통해 전기를 받으면 레이저를 쏠 수 있습니다.
PSCN (PSCN)	전기를 흘려 보낼 수 있습니다.
SPRK (SPRK)	전기를 발생시킬 수 있습니다.
PROP (PROP)	물질의 속성을 변경할 수 있습니다.

01 TPT 실험실

 (WOOD)와 (PLNT)으로 나무를 만든 후 나무 앞에 ARAY (ARAY)와 PSCN (PSCN), SPRK (SPRK)로 레이저를 만듭니다. 그런 다음 PROP (PROP)으로 빛의 힘을 조절하여 빛의 힘에 따라 레이저의 위험성을 실험합니다.

※ 이번 실험에서는 빛의 힘을 표현할 수 없어 열로 표현합니다.

레이저가 뭘까?

레이저(유도방출광선증폭)란 인위적으로 방출을 유도해 빛의 힘을 강하게 만드는 것을 말합니다. 빛의 힘을 강하게 만드는 방법은 양쪽에 거울이 설치되어 있는 공간에 빛이 들어오면 들어온 빛이 설치되어 있는 거울에 여러 번 반사되면서 빛의 힘이 점점 강해지다가 어느 순간이 되면 거울 밖으로 빛이 방출되는데 이것이 레이저입니다.

레이저는 어디서 사용되고 있을까?

레이저는 거리 측정, 정보 처리(DVD와 Blu-Ray), 바코드 리더기, 레이저 수술, 홀로그래피 이미징, 절단, 레이저 포인터 등 다양한 곳에서 사용되고 있습니다.
사용 용도에 따라 빛의 힘이 달라지는데 우리가 쉽게 접하는 레이저 포인터도 강한 빛을 방출하므로 사람에게 비춰서는 안 됩니다.

빛의 힘이 강한 레이저를 쏘면 어떤 반응을 보이는지 작품을 만들어 보며 함께 확인해 봅니다.

 파우더 토이로 화학 실험하기

▶▶ 고체 물질을 이용하여 자연을 만들어 보고, 레이저의 빛의 밝기를 조절하여 발사해 봅니다.
레이저의 빛의 밝기에 따라 어떤 위험이 있는지 실험을 통해 확인해 봅니다.

01 자연을 표현하기 위해 나무 그리기

❶ ▨(파우더 토이) 아이콘을 더블 클릭하여 프로그램을 실행합니다.

❷ 나무를 그리기 위해 [■ (고체)]−[**WOOD** (WOOD)]를 선택합니다.

❸ 브러시 모양을 네모로 변경한 후 브러시 크기를 크게 조절합니다.

❹ 시뮬레이션 창 오른쪽에 나무 기둥 하나를 그립니다.

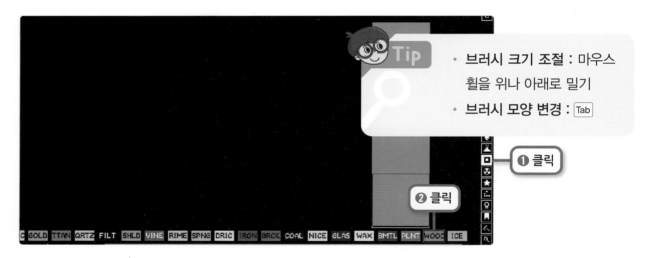

Tip
• 브러시 크기 조절 : 마우스 휠을 위나 아래로 밀기
• 브러시 모양 변경 : Tab

❶ 클릭
❷ 클릭

❺ 나무에 나뭇잎을 그리기 위해 [■ (고체)]−[**PLNT** (PLNT)]를 선택합니다.

❻ 브러시 모양을 동그라미로 변경한 후 브러시 크기를 조절합니다.

❼ 나무 기둥에 나뭇잎을 그려봅니다.

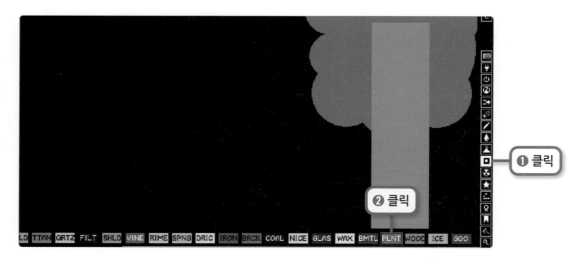

❶ 클릭
❷ 클릭

02 레이저 총 만들기

❶ 레이저 총을 만들기 위해 [🔌 (전기)]-[ARAY (ARAY)]를 선택합니다.

❷ 브러시 모양을 네모로 변경한 후 브러시 크기를 작게 조절합니다.

❸ 마우스 왼쪽 버튼을 클릭하여 시뮬레이션 창 왼쪽에 ARAY (ARAY)를 추가합니다.

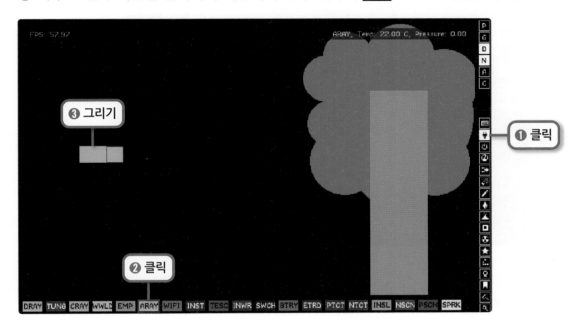

❹ 레이저의 온도를 높이기 위해 [🔧 (툴)]-[PROP (PROP)]를 선택합니다.

❺ 옵션 중 'temp'를 선택하고, 온도에 '9999'를 입력한 후 [OK] 버튼을 클릭합니다.

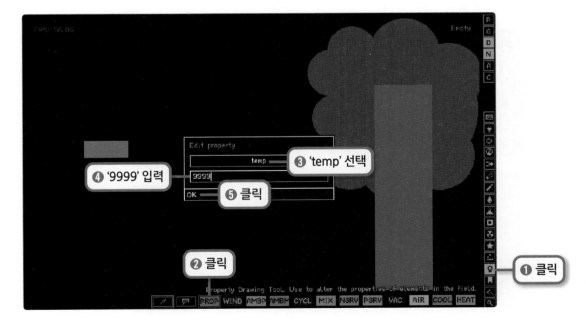

 Tip   PROP (PROP)는 물질의 속성을 변경할 수 있는 도구입니다.

❻ 변경한 온도 값을 적용하기 위해 마우스 왼쪽 버튼을 누른 채  (ARAY)를 문질러 줍니다.

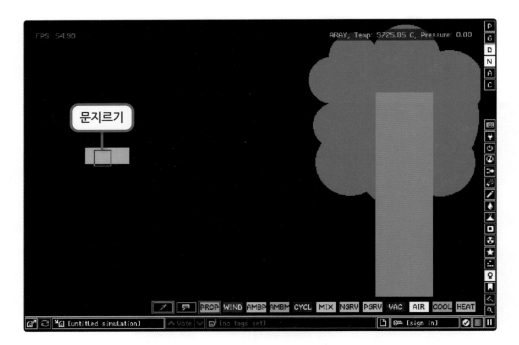

Tip 화면상에는 아무 변화가 없지만 **ARAY** (ARAY)의 온도가 '9999'로 상승되었습니다.

❼ **ARAY** (ARAY)에 전기를 전달하기 위해 [🔌 (전기)]−[**PSCN** (PSCN)]을 선택합니다.

❽ **ARAY** (ARAY)의 뒤쪽에 마우스 왼쪽 버튼을 클릭하여 추가합니다.

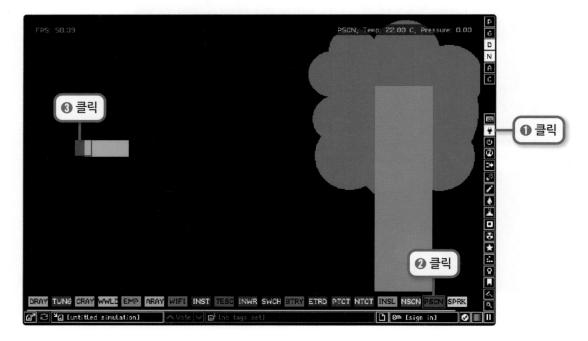

03 레이저 총 발사하기

❶ 레이저 총에 전기를 흘려 보내기 위해 [⚡ (전기)]−[**SPRK** (SPRK)]를 선택합니다.

❷ 마우스 포인터를 **PSCN** (PSCN)로 이동한 후 마우스 왼쪽 버튼을 클릭합니다.

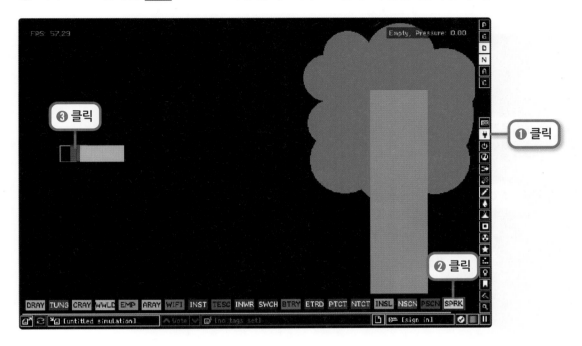

❸ **ARAY** (ARAY)에서 3방향으로 레이저가 발사되는 모습을 확인할 수 있습니다.

❹ 레이저의 온도가 '9999'이기 때문에 레이저를 맞은 나무는 불이 붙을 수 있습니다.

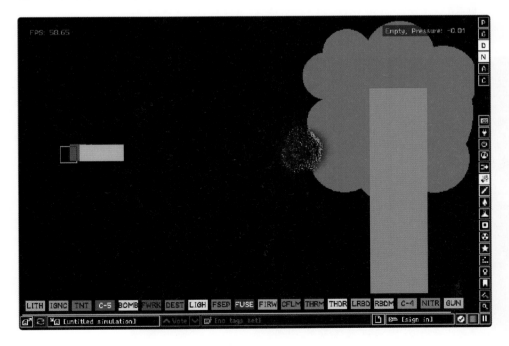

❺ 나무를 새로 그린 다음 [🔧 (툴)]−[**PROP** (PROP)]에서 'temp'를 선택하고, 온도를 '0'으로 입력한 후 [OK] 버튼을 클릭합니다.

❻ 온도가 떨어지면 레이저를 쏴도 나무에 불이 붙지 않는지 확인하기 위해 다시 **ARAY** (ARAY)를 마우스 왼쪽 버튼을 누른 채 문지릅니다.

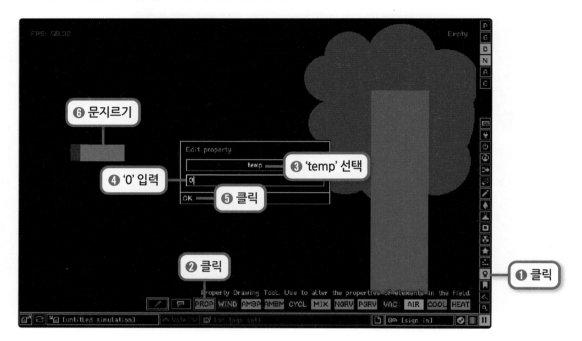

❼ [🔌 (전기)]−[**SPRK** (SPRK)]를 선택합니다.

❽ 마우스 포인터를 **PSCN** (PSCN)로 이동한 후 마우스 왼쪽 버튼을 클릭합니다.

❾ 온도가 내려간 **ARAY** (ARAY)가 쏜 레이저를 맞은 나무에 불이 붙는지 확인해 봅니다.

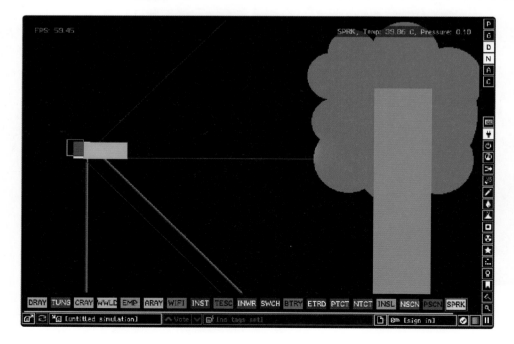

내 맘대로 실험하기

Chapter 11

01 레이저 총을 만들고, 레이저 총 앞에 메탈 기둥 하나를 그립니다.

조건
- [🔌 (전기)]-[ARAY (ARAY)]와 [PSCN (PSCN)]를 이용하여 레이저 총을 만듭니다.
- [🔧 (툴)]-[PROP (PROP)]에서 온도('temp', '9999')를 변경합니다.
- [🔌 (전기)]-[METL (METL)]을 이용하여 기둥을 만듭니다.

02 [🔌 (전기)]-[SPRK (SPRK)]로 완성한 레이저 총을 발사해 뜨거운 열이 메탈을 녹이는지 확인해 봅니다.

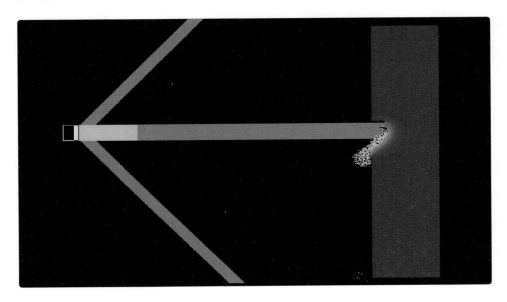

12 Chapter

요새 만들기

학습내용 알아보기

- 고체 물질을 이용하여 멋진 성을 만들어 봅니다.
- 성 근처에 적이 침투하지 못하도록 용암으로 덫을 만들어 봅니다.
- 적 침투 시 레이저 총을 발사합니다.

실험 과정

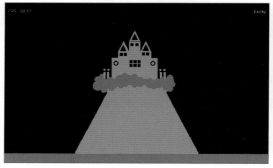

[성 그리기]

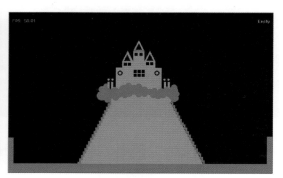

[벽 설치하기]

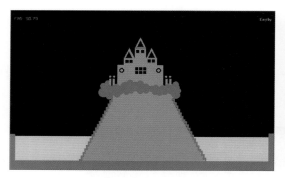

[용암 채우기]

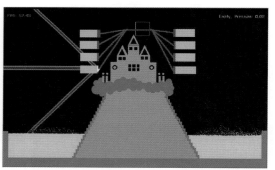

[실험하기]

실험 물질

사용 물질	물질 설명	사용 물질	물질 설명
ARAY (ARAY)	전도체를 통해 전기를 받으면 레이저를 쏠 수 있습니다.	**WOOD** (WOOD)	나무입니다.
PSCN (PSCN)	전기를 흘려 보낼 수 있습니다.	**STNE** (STNE)	돌가루입니다.
SPRK (SPRK)	전기를 발생시킬 수 있습니다.	**DSTW** (DSTW)	증류수입니다.
LAVA (LAVA)	용암입니다.	**PLNT** (PLNT)	풀입니다.

01 TPT 실험실

▶▶ 방어 시설이 필요한 성을 상상해 보며 그동안 알게 된 사실로 성을 지키기 위한 방어 시설을 만들어 봅니다. [미션]을 확인하고, 필요한 물질은 자유롭게 사용해 봅니다.

 미션을 어떻게 해결할지 스케치해 보세요.

[미션] 1. 성 그리기
2. 성 주변에 용암 덫 만들기
3. 성을 지키는 레이저 총 배치하기

02 파우더 토이로 화학 실험하기

▶▶ 고체에 물질을 이용하여 멋진 성을 완성한 후 성 주변에 용암을 채워 요새를 완성해 봅니다.

01 성 그리기

❶ (파우더 토이) 아이콘을 더블 클릭하여 프로그램을 실행합니다.

❷ 우선 실험을 위해 파우더 토이 실행 창 오른쪽 하단의 재생(❙❙) 버튼을 클릭하여 물질의 이동을 멈춥니다.

❸ [▦ (벽)]-[▭ (기초벽)]과 [▣ (고체)]-[WOOD (WOOD)]를 이용하여 멋진 성을 만들어 봅니다.

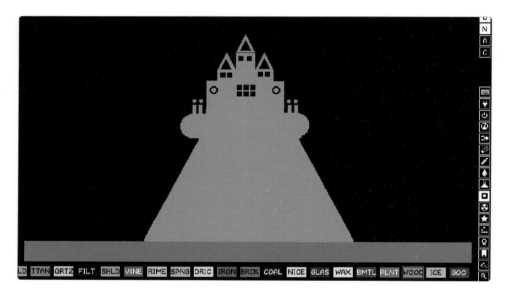

❹ [▣ (고체)]-[PLNT (PLNT)]를 이용하여 성 주변에 풀숲을 표현해 봅니다.

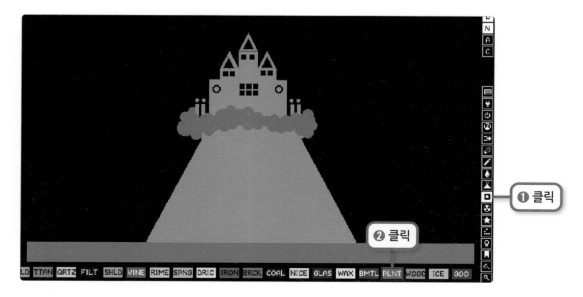

❶ 클릭
❷ 클릭

용암 채우기

❶ [ (벽)]−[████ (기초벽)]을 선택한 후 성이 용암에 타지 않도록 테두리를 그립니다.

Tip ████ (기초벽)**을 사용하는 이유**

용암은 온도가 높아 다른 물질을 녹이기 때문에 아무 기능이 없는 기초벽을 사용합니다.

❷ [████ (벽)]−[████ (기초벽)]을 이용하여 용암이 흘러내리지 않도록 벽을 세웁니다.

❸ [🔥 (액체)]−[LAVA (LAVA)]를 선택하여 성 주변에 용암을 채웁니다.

Tip
용암이 ⬜ (기초벽)을 넘지 않도록 주의합니다.

03 레이저 만들기

❶ [🔌 (전기)]−[ARAY (ARAY)], [PSCN (PSCN)]을 이용하여 레이저를 설치합니다.

❷ 시뮬레이션을 실행한 후 [🔌 (전기)]−[SPRK (SPRK)]를 선택하여 레이저의 [PSCN (PSCN)]을 마우스 왼쪽 버튼을 클릭하여 레이저를 발사해 봅니다.

Tip
실험을 실패할 수도 있기 때문에 키보드에서 [S]를 눌러 실행 전 파일을 저장 합니다.

Tip
[🔧 (툴)]−[PROP (PROP)]에서 옵션을 'temp'를 선택하고, 온도를 '2000'으로 변경한 후 ARAY (ARAY)를 문질러 온도를 높입니다.

01 화분 3개를 그린 뒤 증류수, 물, 소금물을 담아 봅니다.

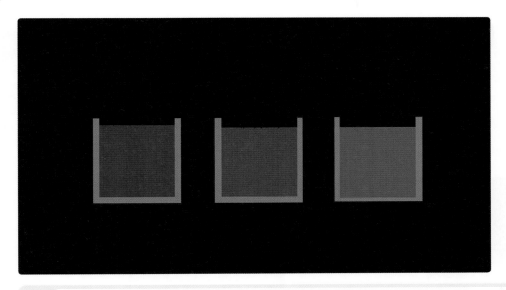

조건
- [■ (고체)]−[BRCK (BRCK)]를 이용하여 화분을 그립니다.
- [● (액체)]−[DSTW (DSTW)], [WATR (WATR)], [SLTW (SLTW)] → 증류수, 물, 소금물

02 화분에 풀을 그려보고, 풀이 자라는 물이 무엇인지 확인해 봅니다.

조건
- [■ (고체)]−[PLNT (PLNT)]를 이용하여 풀을 그립니다.

13

Chapter

위험에 빠진 도시

학습내용 알아보기

- 물질을 이용하여 도시를 그릴 수 있습니다.
- 방사능 기능을 이용하여 핵폭탄을 만들 수 있습니다.
- 핵폭탄이 터지면 도시에 미칠 영향을 실험해 볼 수 있습니다.

실험 과정

[도시 그리기]

[핵폭탄 그릇 만들기]

[물질 추가하기]

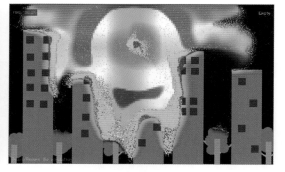

[실험하기]

실험 물질

사용 물질	물질 설명	사용 물질	물질 설명
GLAS (GLAS)	유리입니다.	METL (METL)	메탈 그릇을 만들 수 있습니다.
BRCK (BRCK)	일반 벽돌입니다.	PLUT (PLUT)	플루토늄은 핵폭탄의 재료로 쓰입니다.
WOOD (WOOD)	나무입니다.	NEUT (NEUT)	중성자입니다.
PLNT (PLNT)	풀입니다.		

▶▶ BRCK (BRCK)과 GLAS (GLAS)로 가상의 도시를 만들고, WOOD (WOOD)와 PLNT (PLNT)으로 도시에 조경을 꾸며 봅니다. 그런 다음 METL (METL)로 핵폭탄 틀을 만들고, 틀 안에 PLUT (PLUT)과 NEUT (NEUT)을 채워 가상의 핵폭탄을 도시에 설치해 봅니다. 핵폭탄이 도시에서 터졌을 때 도시는 어떤 위험에 노출되는지 실험해 봅니다.

핵폭탄이 터지고 나타나는 방사선은 얼마나 위험할까?

많은 양의 방사선에 인체가 노출된다면 세포 변형이 일어날 수 있습니다.
세포 변형이 일어나면 암이 발생하거나 기형이 생기고, 심하면 사망에 이르기도 합니다.

핵폭탄만 터지지 않으면 방사선에서 우리 몸은 안전할까?

방사선은 우리 주변 어디서나 존재합니다. 자연(태양, 땅, 음식)에서도 받을 수 있고, CT 촬영 등 치료 목적으로 받을 수도 있습니다. 1년 동안 자연을 통해 사람이 받는 방사선 양은 3mSv 정도가 되고, 1회 CT 촬영으로는 5~25mSv의 방사선 양을 받습니다. 과학자들은 인체에 해로운 방사선의 양을 100mSv로 정하고 있습니다.

(출처) 대한민국 정책브리핑
http://www.korea.kr

핵폭탄이 터지면 도시가 어떻게 될지 작품을 만들어 보며 함께 확인해 봅니다.

▶▶ 고체 물질을 다양하게 사용하여 도시를 그려보고 방사능 기능을 이용하여 핵폭탄을 만들어 봅니다. 그런 다음 핵폭탄이 터지면 도시에 어떤 영향을 미치는지 확인해 봅니다.

01 도시 만들기

❶ (파우더 토이) 아이콘을 더블 클릭하여 프로그램을 실행합니다.

❷ 우선 실험을 위해 파우더 토이 실행 창 오른쪽 하단의 재생(▮▮) 버튼을 클릭하여 물질의 이동을 멈춥니다.

❸ 도시를 그리기 위해 [◘ (고체)]−[GLAS (GLAS)], [BRCK (BRCK)]을 사용합니다.

❹ 브러시 크기와 모양을 변경하며 도시를 완성해 봅니다.

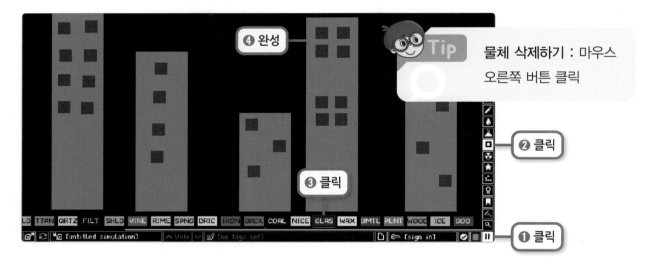

❺ 도시에 나무를 심기 위해 [◘ (고체)]−[WOOD (WOOD)], [PLNT (PLNT)]를 사용합니다.

❻ 브러시 크기와 모양을 변경하며 도시 주변에 나무를 심어 봅니다.

02 핵폭탄 만들기

❶ 그릇을 만들기 위해 [🔌 (전기)]–[METL (METL)]을 선택합니다.

❷ 브러시 크기를 조절한 후 건물 위에 METL (METL) 원을 그립니다.

❸ 브러시 크기를 작게 조절한 후 원 안에 물질을 담을 공간을 만듭니다.

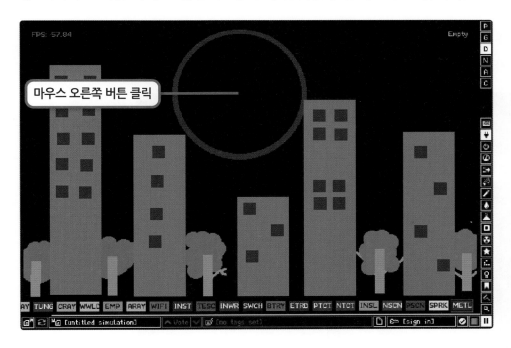

 Tip 물질 위에서 마우스 오른쪽 버튼을 클릭하면 물질이 지워집니다.

④ 핵폭탄에 필요한 첫 번째 물질인 [ (방사능)]−[`PLUT` (PLUT)]를 선택합니다.

⑤ 빈 공간에서 [Shift]+[Ctrl]을 누른 채 마우스 왼쪽 버튼을 클릭하여 틀에 `PLUT` (PLUT)를 가득 채웁니다.

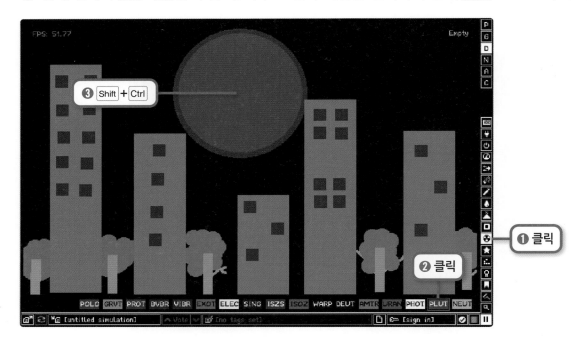

Tip `PLUT` (PLUT)의 양에 따라 핵폭탄의 위력이 달라집니다.

⑥ 두 번째 물질을 추가하기 위해 브러시 크기를 작게 변경합니다.

⑦ `PLUT` (PLUT) 중간에서 마우스 오른쪽 버튼을 클릭하여 공간을 만듭니다.

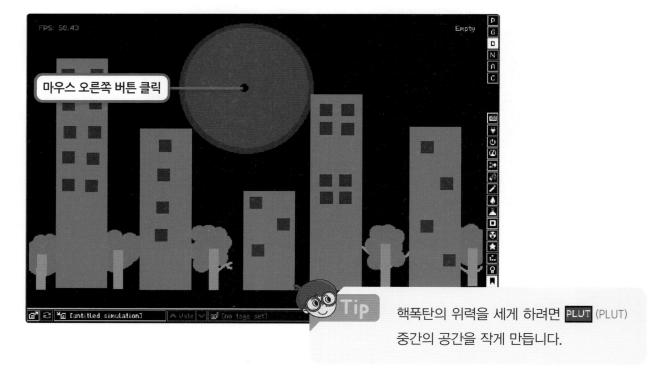

Tip 핵폭탄의 위력을 세게 하려면 `PLUT` (PLUT) 중간의 공간을 작게 만듭니다.

❽ 중성자를 추가하기 위해 [(방사능)]-[NEUT (NEUT)]를 선택합니다.

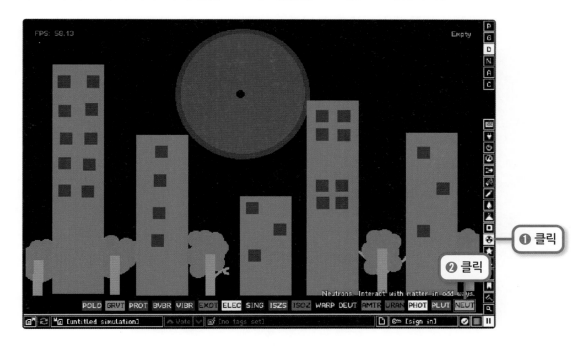

❶ 클릭

❷ 클릭

❾ Shift + Ctrl 을 누른 채 마우스 왼쪽 버튼을 눌러 빈 공간에 NEUT (NEUT)를 가득 채웁니다.

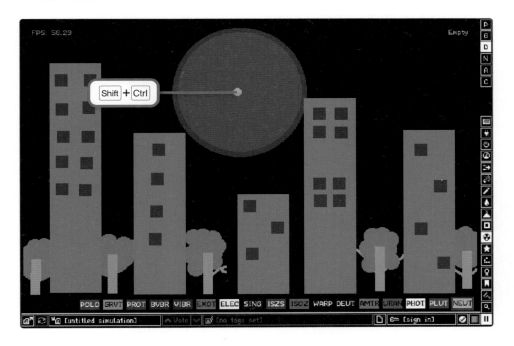

Shift + Ctrl

Tip NEUT (NEUT)는 PLUT (PLUT)을 핵분열시켜 열과 압력을 생성합니다.

핵폭탄 터트리기

❶ 시뮬레이션을 실행하여 핵폭탄을 터트려 봅니다.

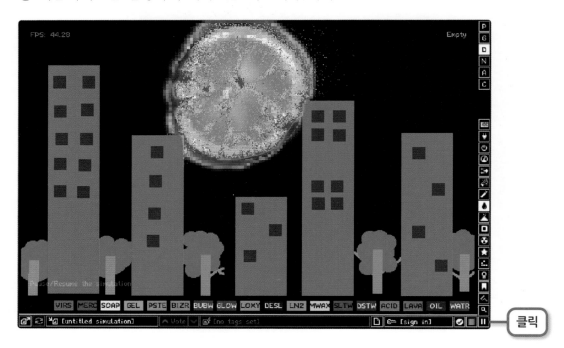

❷ 핵폭탄은 터지는 순간 수천 ℃의 열과 압력이 발생하므로 모든 건물이 녹아내리는 모습을 확인할 수 있습니다.

내 맘대로 실험하기

01 🗔(Find & Open)을 클릭하여 샘플 파일 'Arctic City2'를 불러 옵니다.

02 'Arctic City2'에 플루토늄의 양이 다른 핵폭탄을 만들어 보고 그 위력을 비교해 봅니다.

조건
- [🔌(전기)]–[**METL**(METL)]을 선택하여 핵폭탄 틀을 만들어 봅니다.
- [☢(방사능)]–[**PLUT**(PLUT)], [**NEUT**(NEUT)]를 핵폭탄 틀에 채워봅니다.

14
Chapter

간이 정수기

학습내용 알아보기

• 정수기 모양을 그릴 수 있습니다.
• 모래가 섞인 바닷물에서 깨끗한 물만 얻는 방법에 대해 실험해 볼 수 있습니다.

실험 과정

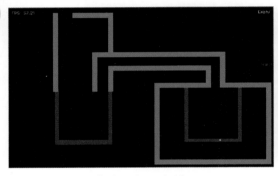

[정수기 그리기]

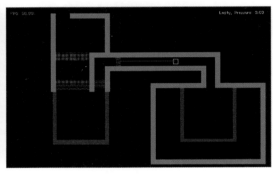

[FAN 설치하기]

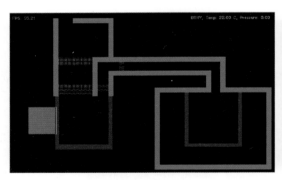

[건전지 설치하기]

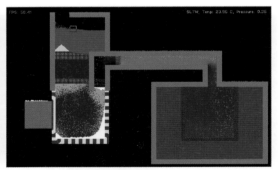

[실험하기]

실험 물질

사용 물질	물질 설명	사용 물질	물질 설명
METL (METL)	메탈 그릇을 만들 수 있습니다.	(기초벽)	벽을 세울 수 있습니다.
(기체통과벽)	기체만 통과할 수 있습니다.	BTRY (BTRY)	배터리입니다.
(액체통과벽)	액체만 통과할 수 있습니다.	WATR (WATR)	물입니다.
(FAN)	송풍기로 지정한 방향으로 가루, 액체, 기체, 에너지 입자, 압력, 중력 등을 날릴 수 있습니다.	SAND (SAND)	모래입니다.

▶▶ **METL** (METL)과 ⬛ (기초벽)으로 정수기 틀을 만들고, ⬛ (기체통과벽)과 ⬛ (액체통과벽)으로 정수처리장치를 만듭니다. 그런 다음 정수기에 **BTRY** (BTRY)로 전기를 흘려 보내 **WATR** (WATR)을 끓였을 때 깨끗한 물이 만들어지는지 실험해 봅니다.

사람에게 물은 얼마나 중요할까?

사람의 체중은 70%가 물로 이루어져 있습니다. 이 중 약 1~2%만 모자라도 갈증을 느끼게 되고, 약 5%가 모자라면 혼수상태에 빠질 수 있습니다. 그리고 12%의 물이 모자라면 생명을 잃을 수 있습니다. 사람은 물 없이 일주일 정도를 버틸 수 있다고 합니다.

우리는 어떻게 깨끗한 물을 마실 수 있을까?

우리가 먹는 물은 정수장에서 다양한 공정별 정수처리 과정을 거쳐 가정으로 오게 됩니다. 물속의 이물질을 서로 응집시켜 침전을 제거하고, 여과하여 미세한 크기의 이물질을 걸러내게 되며, 여과실에서 제거되지 않은 미생물은 염소 소독으로 살균하여 각 가정으로 급수합니다.

(출처)
https://www.hygn.go.kr/specialty/water/00611.web

간이 정수기가 어떤 반응을 보이는지 작품을 만들어 보며 함께 확인해 봅니다.

파우더 토이로 화학 실험하기

▶▶ 소금물을 끓일 그릇을 만든 후 오일을 담아 보고, 벽을 이용하여 필터 효과를 추가해 봅니다.

01 그릇에 오일 담기

❶ (파우더 토이) 아이콘을 더블 클릭하여 프로그램을 실행합니다.

❷ 우선 실험을 위해 파우더 토이 실행 창 오른쪽 하단의 재생(⏸) 버튼을 클릭하여 물질의 이동을 멈춥니다.

❸ 정수기를 만들기 위해 [🔌 (전기)]−[METL (METL)]을 선택합니다.

❹ 브러시 크기와 모양을 변경한 후 양쪽에 네모난 METL (METL)을 그립니다.

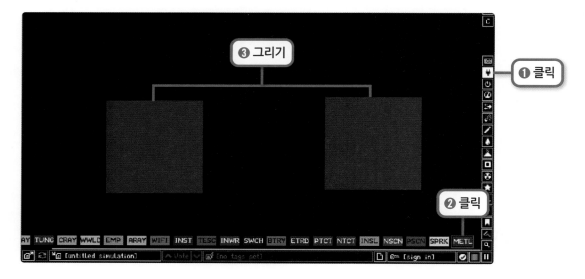

❺ 브러시 크기를 작게 조절한 후 마우스 오른쪽 버튼을 클릭하여 메탈 안쪽에 공간을 만듭니다.

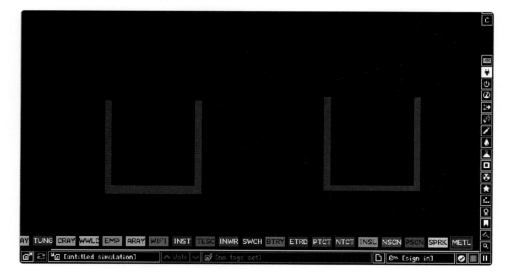

❻ 벽을 만들기 위해 [▦ (벽)]–[▬ (기초벽)]을 선택합니다.

❼ 브러시 크기를 작게 조절한 후 아래와 같이 틀을 완성합니다.

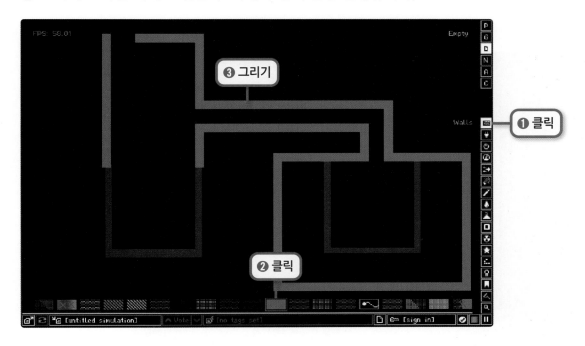

❽ 액체와 기체가 지나가는 길을 구별하기 위해 [▦ (벽)]–[▬ (기초벽)]으로 벽을 그립니다.

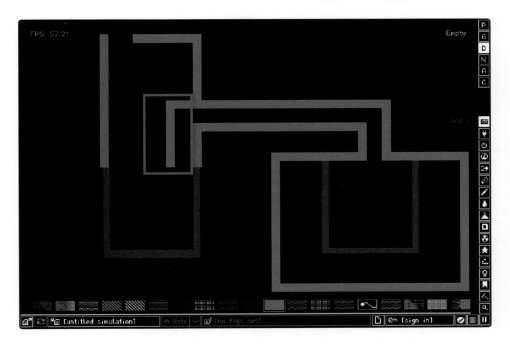

 기체가 지나가는 오른쪽 길은 기체만 지나갈 수 있도록 통로를 좁게 그립니다.

필터 만들기

❶ 기체만 통과할 수 있는 벽을 만들기 위해 [▨(벽)]-[▨(기체통과벽)]을 선택합니다.

❷ Shift + 마우스 왼쪽 버튼을 누른 채 드래그하여 오른쪽 통로에 ▨(기체통과벽)을 설치합니다.

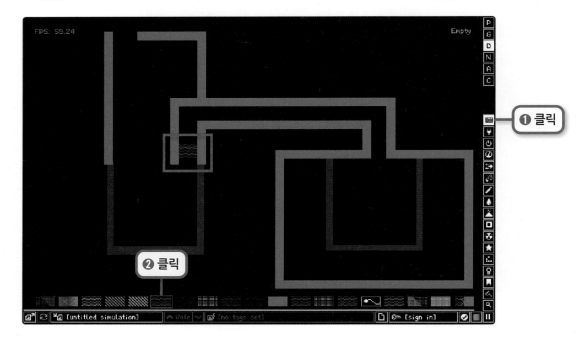

❸ 오른쪽 통로에는 액체만 통과될 수 있도록 [▨(벽)]-[▨(액체통과벽)]을 이중으로 설치합니다.

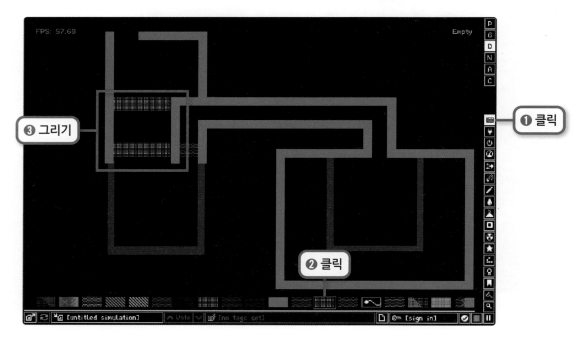

 액체가 흘러 내려오는 것을 방지하기 위해 ▨(액체통과벽)을 이중으로 설치합니다.

④ 물이 아래쪽으로 흐르도록 [ (벽)]-[■■■ (FAN)]을 왼쪽 통로에 설치합니다.

⑤ Shift 를 누른 채 송풍기의 방향을 아래쪽으로 드래그합니다.

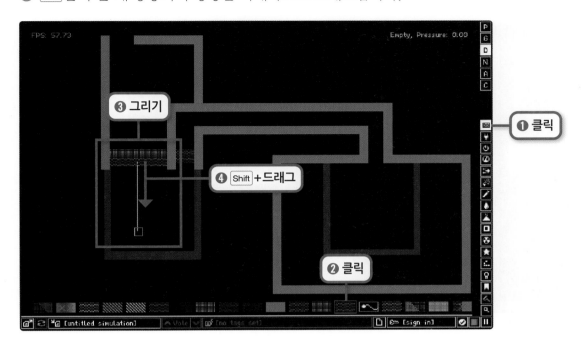

⑥ 기체가 오른쪽으로 지나갈 수 있도록 오른쪽 통로에 [■■ (벽)]-[■■■ (FAN)]을 설치합니다.

⑦ Shift 를 누른 채 송풍기의 방향을 오른쪽으로 드래그합니다.

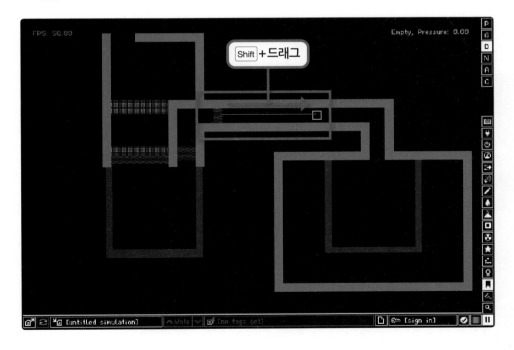

Tip 기체만 지나가야 하는 오른쪽 통로에 물이 들어 올 경우를 막기 위해 오른쪽 통로에 ■■■ (액체통과벽)을 추가 설치해도 됩니다.

⑧ 물을 전기분해하기 위해 [🔌 (전기)]-[BTRY (BTRY)]를 선택하여 왼쪽에 있는 METL (METL) 통에 마우스 왼쪽 버튼을 클릭하여 설치합니다.

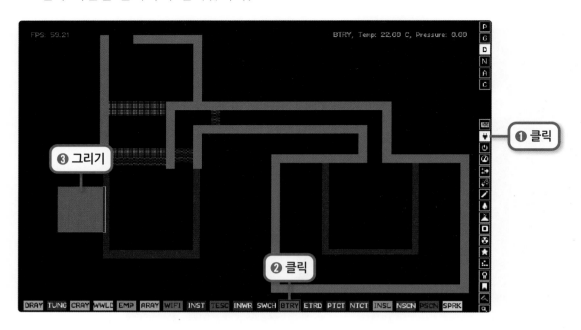

⑨ 기체를 식혀 다시 물로 만들기 위해 [🌡 (액체)]-[WATR (WATR)]를 선택합니다.

⑩ Shift + Ctrl 을 누른 채 오른쪽 통을 클릭하여 물을 가득 채워봅니다.

⑪ 물이 정수되는 모습을 확인하기 위해 [🌡 (액체)]-[SLTW (SLTW)]와 [⚗ (가루)]-[SAND (SAND)]를 선택하여 정수기 입구에 넣어봅니다.

⑫ 시뮬레이션을 실행하여 확인합니다.

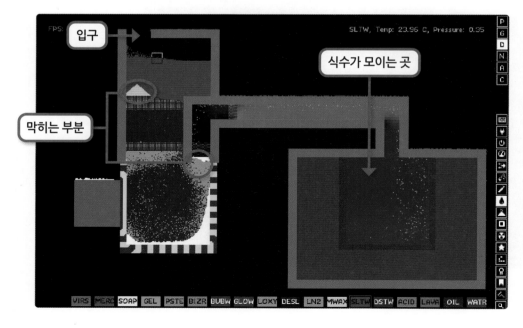

SAND (SAND)를 넣어 ▓▓▓ (액체통과벽)이 막히면 뚫리도록 환풍기를 설치합니다.

내 맘대로 실험하기

01 물질을 이용하여 긴 통로를 만들고 중간에 ▬(가루통과벽)을 설치해 봅니다.

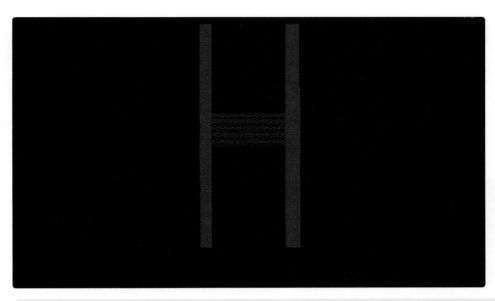

조건
- [🔌(전기)]–[METL (METL)]을 이용하여 통로를 완성합니다.
- [▦(벽)]–[▬(가루통과벽)]을 이용하여 통로 중간에 설치합니다.

02 물과 모래를 통로 위쪽에 뿌려 모래와 물 중 어떤 물질이 통과되는지 확인해 봅니다.

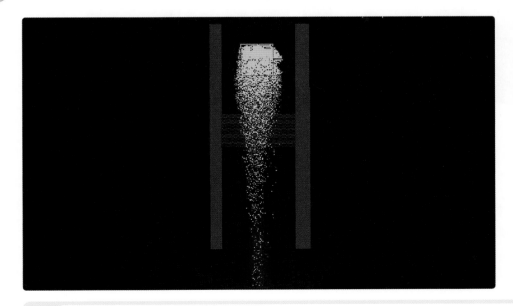

조건
- [🔥(액체)]–[WATR (WATR)] → 물, [🗻(가루)]–[SAND (SAND)] → 모래

15
Chapter

증류수는 전기가 흐를까?

학습내용 알아보기

• 물탱크를 만들 수 있습니다.
• 물탱크에 전기를 흐르게 할 수 있습니다.
• 증류수에 전기가 통하면 레이저가 발사되는지 실험해 볼 수 있습니다.

실험 과정

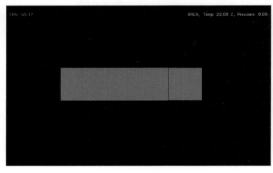

[물탱크 만들기]

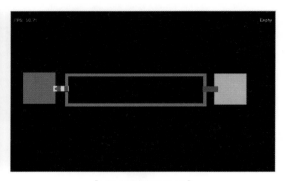

[배터리 연결하기]

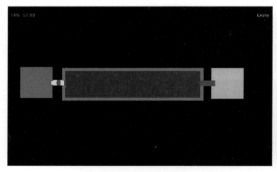

[증류수 담기]

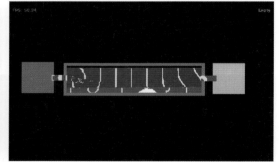

[실험하기]

실험 물질

사용 물질	물질 설명
BRCK (BRCK)	일반 벽돌입니다.
PSCN (PSCN)	전기를 흘려 보낼 수 있습니다.
BTRY (BTRY)	전기를 흐르게 할 수 있는 배터리입니다.
ARAY (ARAY)	전도체를 통해 전기를 받으면 레이저를 쏠 수 있습니다.
WATR (WATR)	물입니다.

01 TPT 실험실

▶▶ BRCK (BRCK)으로 전기가 흐르지 않는 틀을 만든 후 양쪽에 PSCN (PSCN)과 ARAY (ARAY), BTRY (BTRY)를 연결해 레이저를 완성합니다. 전기가 흐르지 않는 틀에 DSTW (DSTW)를 넣어 실제 증류수에는 전기가 흐르는지 않은지 확인해 봅니다. 또 증류수에 소금을 넣으면 전기가 흐르는지 실험해 봅니다.

증류수란?

증류수는 물을 가열시켜 나온 수증기를 다시 냉각시켜 정제된 무색, 무취, 무미의 액체를 말합니다. 증류수는 간단한 실험 또는 세척용으로 사용합니다.
그럼 실험에서는 왜 증류수를 사용할까요? 보통 물에는 다양한 무기물과 유기물이 포함되어 있어 화학반응에 사용하기에 부적합하기 때문입니다.

(출처) https://namu.wiki/w/%EC%A6%9D%EB%A5%98%EC%88%98
        https://www.scienceall.com/%EC%A6%9D%EB%A5%98%EC%88%98distilled-water-2/

증류수에 전기를 흘려 보내면 전기가 흐를까?

물 속에서 전기가 흐르려면 전해질이 필요합니다. 물에 녹아 있는 이온이나 불순물이 이런 전해질 역할을 하게 됩니다. 하지만 증류수(순수한 물)는 이런 이온이나 불순물이 없는 깨끗한 물이기 때문에 전해질이 없어 전기가 흐르지 않습니다.

(출처) 한국전력 블로그 굿모닝 KEPCO!
https://blog.kepco.co.kr/78

증류수에 전기를 보내면 어떤 반응을 보이는지 작품을 만들어 보며 함께 확인해 봅니다.

02 파우더 토이로 화학 실험하기

▶▶ 전기가 통하지 않는 벽돌을 이용하여 물탱크를 만들고 물탱크에 증류수를 가득 채워 전기가 흐르는지 확인해 봅니다. 그리고 소금을 추가하면 전기가 흐르는지 확인해 봅니다.

01 물탱크 만들기

① 🖼 (파우더 토이) 아이콘을 더블 클릭하여 프로그램을 실행합니다.

② 물탱크를 만들기 위해 [■ (고체)]−[**BRCK** (BRCK)]를 선택합니다.

③ 브러시 크기를 크게 조절한 후 브러시 모양을 네모로 변경합니다.

④ Shift + 마우스 왼쪽 버튼을 누른 채 드래그하여 물탱크 모양을 그립니다.

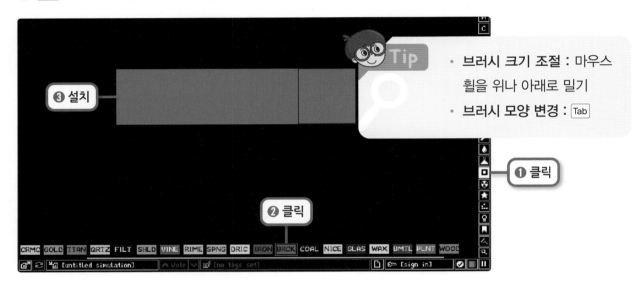

Tip
• 브러시 크기 조절 : 마우스 휠을 위나 아래로 밀기
• 브러시 모양 변경 : Tab

⑤ 브러시 크기를 작게 조절한 후 물탱크 안쪽에 공간을 만듭니다.

❻ 브러시 크기를 작게 조절한 후 전기를 흘려 보낼 구멍을 마우스 오른쪽 버튼을 눌러 만듭니다.

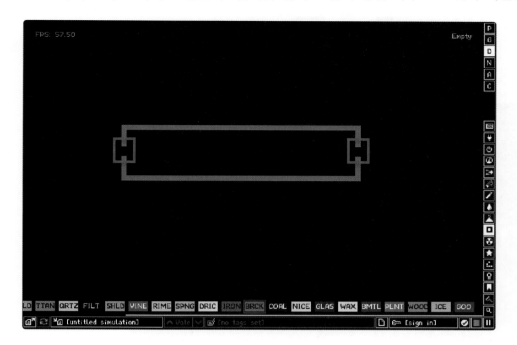

02 물탱크에 PSCN 연결하기

❶ PSCN (PSCN)을 설치하기 위해 [⚡ (전기)]−[PSCN (PSCN)]을 선택합니다.

❷ 마우스 왼쪽 버튼을 클릭하여 물탱크 왼쪽과 오른쪽에 PSCN (PSCN)을 설치합니다.

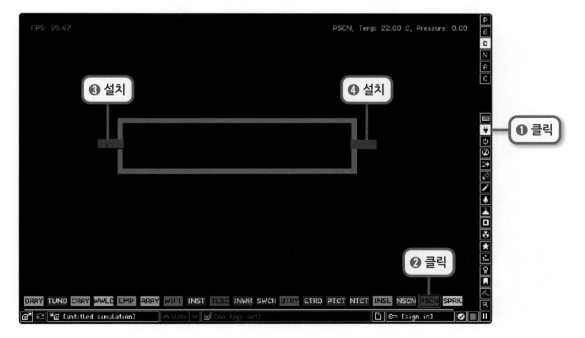

❶ 왼쪽에서 전기를 보내기 위해 [⚡ (전기)]-[**BTRY** (BTRY)]를 선택합니다.

❷ 브러시 크기를 크게 조절한 후 배터리를 물탱크 왼쪽에 설치하기 위해 **PSCN** (PSCN) 끝에서 마우스
왼쪽 버튼을 클릭합니다.

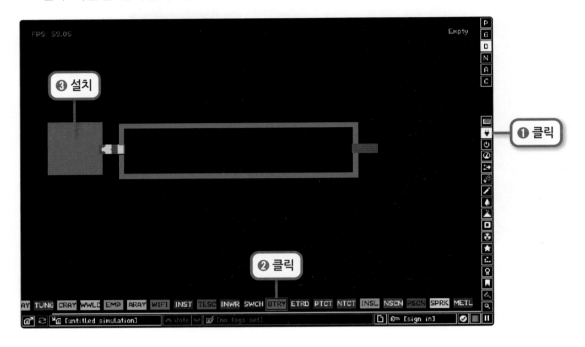

❸ 전기가 통하면 레이저가 발사될 수 있도록 [⚡ (전기)]-[**ARAY** (ARAY)]를 선택합니다.

❹ 물탱크 오른쪽 **PSCN** (PSCN) 끝에서 마우스 왼쪽 버튼을 클릭하여 **ARAY** (ARAY)를 설치합니다.

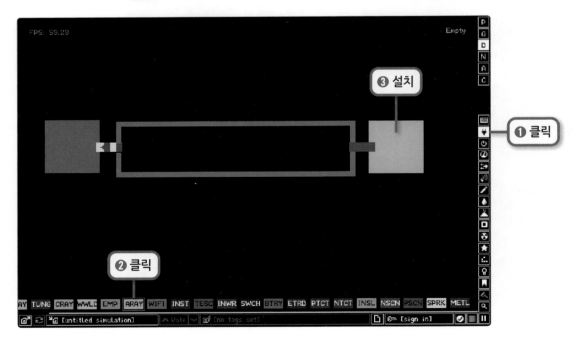

04 물탱크에 증류수 채우기

❶ 물탱크에 증류수를 추가하기 위해 [🌢 (액체)]─[DSTW (DSTW)]를 선택합니다.

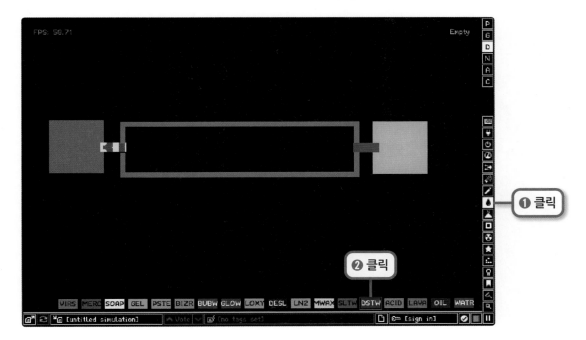

❷ 물탱크 안쪽에서 Shift+Ctrl을 누른 채 마우스 왼쪽 버튼을 클릭합니다.

❸ 배터리에서 흐른 전기가 증류수를 타고 ARAY (ARAY)를 만나 레이저가 발사되는지 확인해 봅니다.

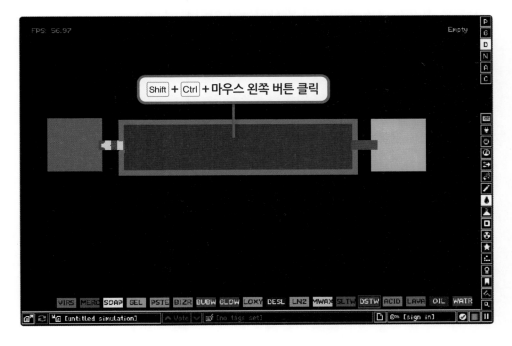

 증류수는 순수한 물로 다른 물질이 섞여 있지 않아 전기가 흐르기 힘듭니다.

05 증류수에 소금 추가하기

❶ 증류수에 소금을 넣기 위해 [🝮 (가루)]−[**SALT** (SALT)]를 선택합니다.

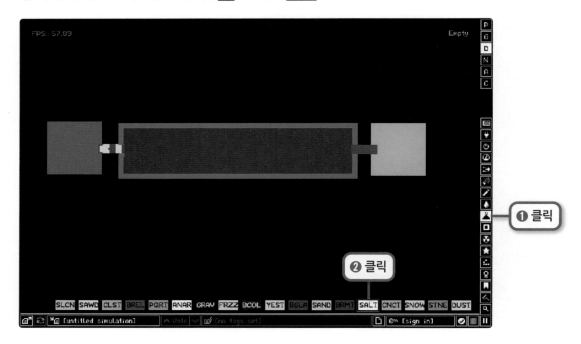

❷ 소금을 추가하기 위해 물탱크 안에서 마우스 오른쪽 버튼을 클릭하여 증류수를 덜어냅니다.

❸ 물탱크 안쪽에 생긴 공간에 마우스 왼쪽 버튼을 클릭하여 **SALT** (SALT)를 추가합니다.

❹ **SALT** (SALT)가 추가된 후 전기가 흘러 레이저가 발사되는지 확인해 봅니다.

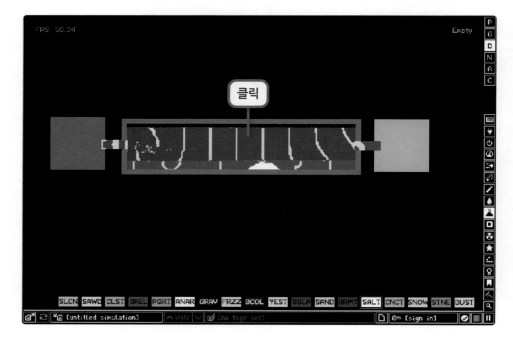

내 맘대로 실험하기

01 벽돌을 이용하여 둥근 틀을 만들고 안에 소금을 가득 채워봅니다.

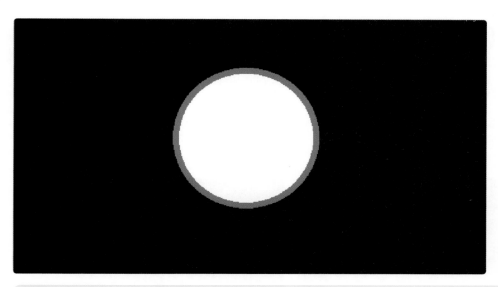

조건
- [■ (고체)]−[**BRCK** (BRCK)]을 이용하여 그릇을 완성합니다.
- [▲ (가루)]−[**SALT** (SALT)]을 이용하여 둥근 틀에 소금을 가득 채워봅니다.

02 둥근 틀 양쪽을 뚫어 **PSCN** (PSCN)과 **BTRY** (BTRY), **ARAY** (ARAY)를 양쪽에 설치한 후 소금에 전기가 통하는지 확인해 봅니다.

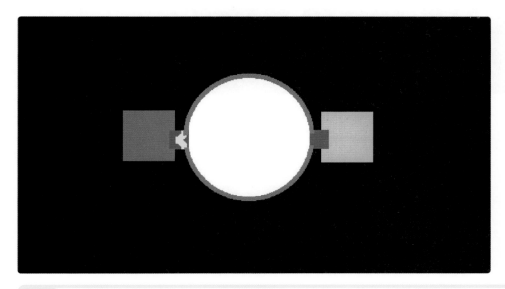

조건
- [🔌 (전기)]−[**PSCN** (PSCN)], [**BTRY** (BTRY)], [**ARAY** (ARAY)]를 양쪽에 설치합니다.

16
Chapter

번개가 위험할까?

학습내용 알아보기

- 건물을 그릴 수 있습니다.
- 건물 위에 스틱맨과 나무를 설치할 수 있습니다.
- 번개가 치도록 할 수 있습니다.
- 번개를 맞으면 건물, 스틱맨, 나무에는 어떤 변화가 있는지 실험해 볼 수 있습니다.

실험 과정

[건물 그리기]

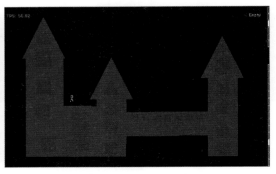

[스틱맨 설치하기]

[나무 그리기]

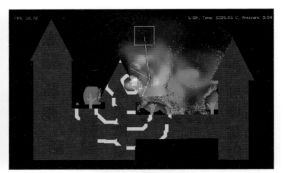

[실험하기]

실험 물질

사용 물질	물질 설명
METL (METL)	메탈 그릇을 만들 수 있습니다.
GLAS (GLAS)	유리입니다.
STKM (STKM)	움직이는 스틱맨입니다.
WOOD (WOOD)	나무입니다.
PLNT (PLNT)	풀입니다.
LIGH (LIGH)	번개입니다.

01 TPT 실험실

▶▶ METL (METL)과 GLAS (GLAS)로 우리가 사는 건물을 표현하고, WOOD (WOOD)와 PLNT (PLNT)로 조경을 꾸며 봅니다. 그런 다음 건물 위에 STKM (STKM)을 배치해 사람을 표현합니다. 철로 된 건물에 LIGH (LIGH)로 번개를 치면 사람과 건물에는 어떤 위험이 있는지 실험해 봅니다.

번개는 어떻게 만들어지는 걸까?

먹구름에는 물방울과 작은 얼음들이 부딪치면서 마찰을 일으키는데, 이때 작은 얼음들이 물방울에게 전자를 빼앗긴 채 상승하여 전하가 분리된 번개구름이 만들어집니다.
그 결과 구름 위쪽은 양전하를 띠고, 구름 아래쪽은 음전하를 띠는데, 두 전하가 만나 순간적으로 강력한 전기를 만드는 것을 '번개'라고 합니다.

(출처) 어린이 홈페이지(KERI)
https://www.keri.re.kr/_prog/_board/?code=child0401&mode=V&no=8124&upr_ntt_no=8124&site_dvs_cd=child&menu_dvs_cd=0401

번개의 종류에는 어떤 것들이 있으며, 번개는 왜 위험할까?

번개에는 세 가지 종류가 있는데, 구름 안에서 발생하는 번개, 구름과 다른 구름 사이에서 발생하는 번개, 그리고 구름과 지표면 사이에서 발생하는 번개로 나뉩니다. 구름과 지표면 사이에서 발생하는 번개 중 지표면의 물체를 맞췄을 경우 '낙뢰'라고 표현합니다.
번개는 파괴력이 있습니다. 평균 번개는 약 30,000 암페어의 충전량을 가지며 1억 볼트의 전기 전위를 가지고 화씨 약 50,000도(℉)로 뜨겁습니다. 이런 번개에 맞으면 산불이 날 수도 있고, 정전 또는 나무를 쪼갤 수도 있습니다. 이런 번개를 사람이 맞을 경우 사망에 이를 수도 있습니다.

(출처)
https://ko.eferrit.com/%EB%B2%88%EA%B0%9C%EA%B0%80-%EC%9C%84%ED%97%98%ED%95%9C-%EC%9D%B4%EC%9C%A0%EB%8A%94-%EB%AC%B4%EC%97%87%EC%9E%85%EB%8B%88%EA%B9%8C/

건물에 번개가 치면 어떤 반응을 보이는지 작품을 만들어 보며 함께 확인해 봅니다.

02 파우더 토이로 화학 실험하기

▶▶ 전기가 통하는 건물을 만들고 사람의 변화와 자연의 변화를 확인하기 위해 스틱맨과 나무를 설치합니다. 그런 다음 `LIGH` (LIGH)를 이용하여 번개를 만들어 반응을 확인해 봅니다.

01 건물 만들기

❶ (파우더 토이) 아이콘을 더블 클릭하여 프로그램을 실행합니다.

❷ 우선 실험을 위해 파우더 토이 실행 창 오른쪽 하단의 재생(❚❚) 버튼을 클릭하여 물질의 이동을 멈춥니다.

❸ 건물을 만들기 위해 [🔌 (전기)]―[`METL` (METL)]을 선택합니다.

❹ 마우스 크기와 모양을 자유롭게 변경하며 건물을 완성해 봅니다.

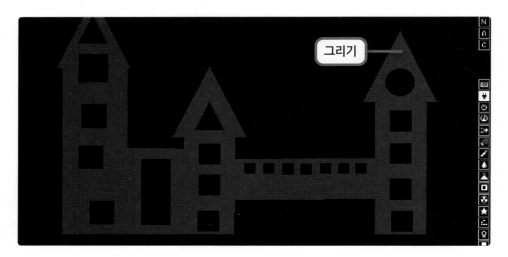

❺ 건물에 창문을 설치하기 위해 [■ (고체)]―[`GLAS` (GLAS)]를 선택합니다.

❻ 뚫린 공간에 Shift + Ctrl 을 누른 채 마우스 왼쪽 버튼을 클릭하여 `GLAS` (GLAS)를 추가합니다.

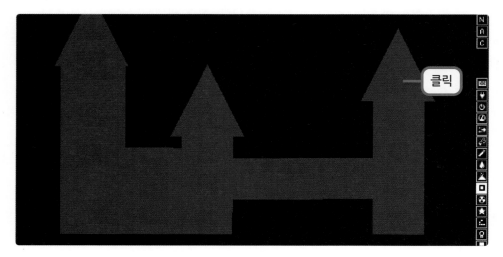

스틱맨과 나무 설치하기

❶ 스틱맨을 설치하기 위해 [⭐ (특수)]−[**STKM** (STKM)]을 선택합니다.

❷ 건물 위에 마우스 왼쪽 버튼을 클릭하여 스틱맨을 설치합니다.

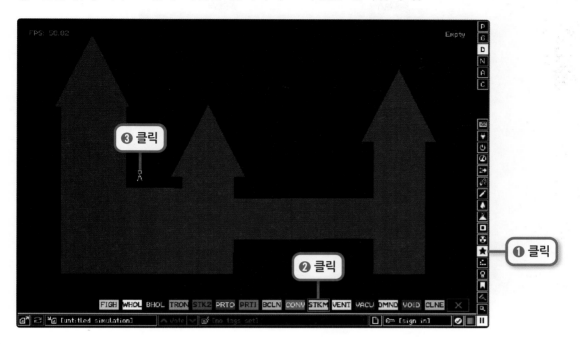

 Tip

- 시뮬레이션을 실행 시 스틱맨은 키보드 방향키(←, ↑, ↓, →)로 움직일 수 있습니다.
- 스틱맨은 물질을 타고 올라가거나 점프를 할 수 있습니다.
- 스틱맨은 시뮬레이션 창에 하나만 설치할 수 있습니다.
- 이동할 방향키(←, →)를 누른 후 위쪽 방향키(↑)를 누르면 스틱맨이 해당 방향으로 점프를 합니다.

[이동할 방향키 + 위쪽 방향키로 점프하는 모습]   [물질을 타고 올라가는 모습]

❸ 나무를 설치하기 위해 [□ (고체)]−[WOOD (WOOD)]를 선택합니다.

❹ 브러시 크기를 작게 조절한 후 나무 기둥을 세웁니다.

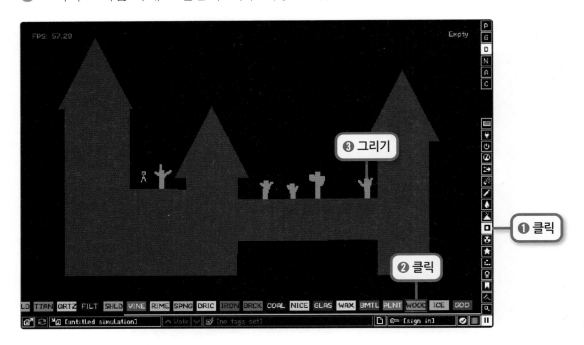

❺ 나뭇잎을 추가하기 위해 [□ (고체)]−[PLNT (PLNT)]를 선택합니다.

❻ Tab을 눌러 브러시 모양을 자유롭게 변경하여 나뭇잎을 추가해 봅니다.

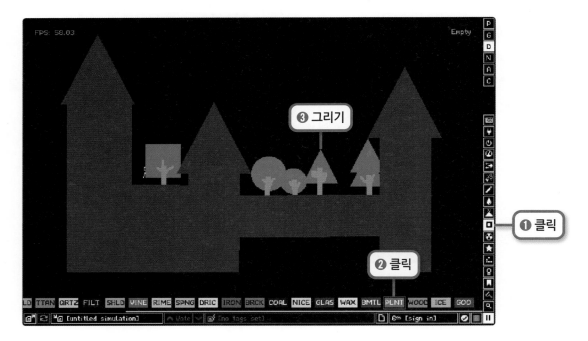

03 번개 설치하기

➊ 번개가 치는 모습을 실험하기 위해 시뮬레이션을 실행합니다.

➋ 그런 다음 [(폭발물)]-[LIGH (LIGH)]를 선택합니다.

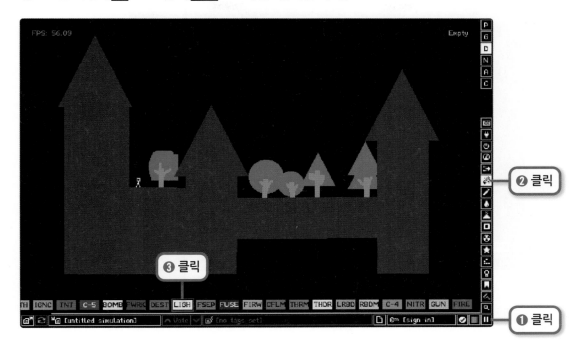

➌ 빈 공간에서 마우스 왼쪽 버튼을 클릭하여 건물과 나무에 번개가 치도록 합니다.

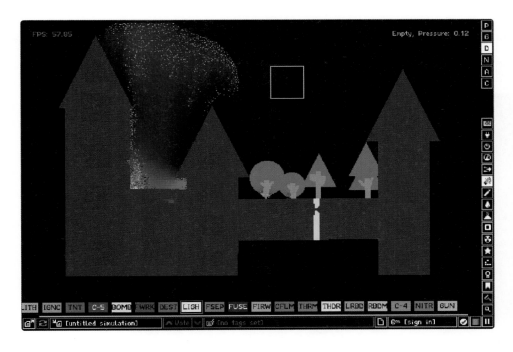

Tip 마우스 왼쪽 버튼을 계속 누르고 있으면 LIGH (LIGH)가 계속 생성됩니다.

❹ 건물과 나무에 어떤 변화가 있는지 확인해 봅니다.

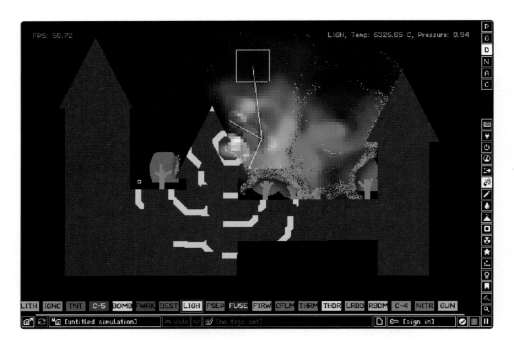

LIGH (LIGH)는 어떤 물체에 닿으면 물체는 순간적으로 높은 열과 압력을 발생시켜 전기를 받습니다.
또한 실제 번개가 치는 순간과 흡사하며 물체를 관통할 수 있습니다.

❺ 키보드 방향키(←, ↑, ↓, →)를 눌러 스틱맨이 불에 탄 나무와 건물에 흐르는 번개를 피할 수
있도록 제어해봅니다.

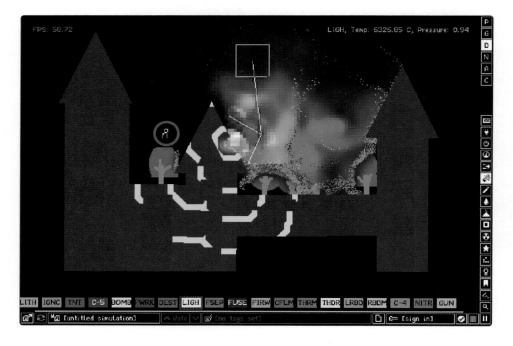

내 맘대로 실험하기

01 벽돌을 이용하여 소금물을 담아 바다를 표현하고, 메탈을 이용하여 배를 만들어 바다에 띄워
봅니다.

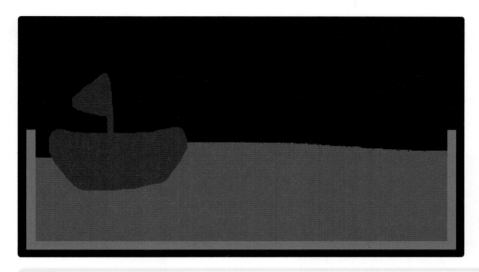

조건
- [■ (고체)]–[BRCK (BRCK)]를 이용하여 소금물을 담을 그릇을 만듭니다.
- [🔌 (전기)]–[METL (METL)]을 이용하여 소금물 위에 배를 만듭니다.
- [🔥 (액체)]–[SLTW (SLTW)]를 이용하여 그릇에 소금물을 채워봅니다.

02 바다에 번개가 치면 어떤 현상이 일어나는지 확인해 봅니다.

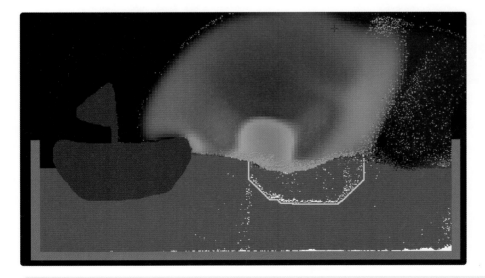

조건
- [✨ (폭발물)]–[LIGH (LIGH)]를 이용하여 바다에 번개를 치게 합니다.

17

Chapter

빙하가 녹으면 도시가 잠길까?

학습내용 알아보기

• 샘플 파일을 불러올 수 있습니다.
• 도시에 빙하를 설치할 수 있습니다.
• 빙하가 녹으면 도시가 어떻게 되는지 실험해 볼 수 있습니다.

실험 과정

[파일 불러오기]

[빙하 그리기]

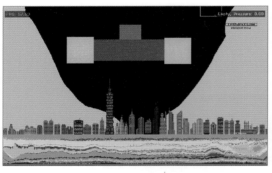

[레이저 설치하기]

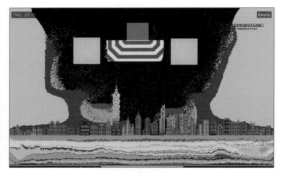

[실험하기]

실험 물질

사용 물질	물질 설명
ICE (ICE)	얼음입니다.
ARAY (ARAY)	전도체를 통해 전기를 받으면 레이저를 쏠 수 있습니다.
PSCN (PSCN)	전기를 흘려 보낼 수 있습니다.
BTRY (BTRY)	전기를 흐르게 할 수 있는 배터리입니다.

01 TPT 실험실

▶ 도시 주변에 `ICE` (ICE)로 빙하를 그려 넣고, `ARAY` (ARAY)와 `PSCN` (PSCN), `BTRY` (BTRY)로 레이저를 만들어 빙하를 녹여봅니다. 뜨거워진 날씨에 빙하가 녹게 되면 도시에는 어떤 위험이 있는지 실험해 봅니다.

빙하는 어떻게 만들어졌을까?

빙하가 만들어지려면 기온이 낮고, 수분이 충분히 공급되어야 합니다.
겨울에 내린 눈이 쌓이고, 여름에 다 녹지 않고 매년 쌓이면 눈의 무게가 무거워지면서 아래쪽 눈을 눌러 압력으로 단단해진 눈은 얼음이 됩니다. 이런 과정이 계속 반복되어 큰 덩어리가 만들어지는 데 이것을 '빙하'라고 합니다.

(출처) 어린이 조선일보
http://kid.chosun.com/site/data/html_dir/2013/01/07/2013010702099.html

빙하가 녹으면 왜 해수면이 증가할까?

우리가 알고 있는 얼음덩어리는 두 가지로 말할 수 있는데 바다에서 바닷물이 얼어서 만들어진 해빙과 육지에서 눈이 쌓여서 녹지 않고 얼어서 만들어진 빙하입니다.
해수면을 높이는 얼음덩어리는 바닷물에 떠 있는 해빙이 아닌 육지에 얼어 있는 빙하 때문입니다. 육지에 얼어 있던 빙하가 녹으면서 바다에 유입되면 해수면이 상승하게 되는 것입니다.

(출처)
https://www.newspenguin.com/news/articleView.html?idxno=3772

큰 빙하가 도시에서 녹으면 도시는 어떻게 될지 작품을 만들어 보며 함께 확인해 봅니다.

▶▶ 파우더 토이에 업로드 되어 있는 샘플 파일을 불러온 후 `ICE` (ICE)를 이용하여 도시에 큰 빙하를 그려 봅니다. 그런 다음 빙하가 녹으면 도시에 어떤 영향을 미치는지 확인해 봅니다.

01 **샘플 파일 불러오기**

❶ (파우더 토이) 아이콘을 더블 클릭하여 프로그램을 실행합니다.

❷ 샘플 파일을 불러오기 위해 🗖 (Find & Open)을 클릭합니다.

❸ 샘플 창이 열리면 상단의 태그 항목에서 'city'를 클릭한 다음 'city'를 선택합니다.

❹ [city]를 사용하기 위해 [Open] 버튼을 클릭합니다.

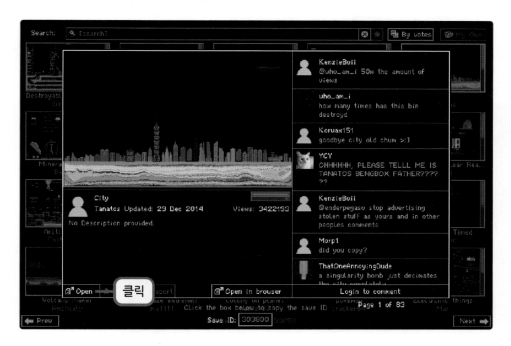

❺ 실험을 위해 파우더 토이 실행 창 오른쪽 하단의 재생(❙❙) 버튼을 클릭하여 시뮬레이션을 멈춥니다.

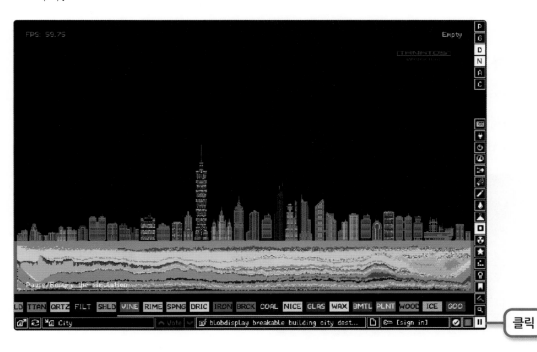

 Tip   시뮬레이션을 멈추면 물질의 이동을 멈출 수 있어 실험할 때 편리합니다.

02 빙하 그리기

❶ 빙하를 그리기 위해 [■(고체)]−[ICE (ICE)]를 선택합니다.

❷ 브러시 크기를 크게 조절한 후 마우스 왼쪽 버튼을 누른 채 드래그하여 도시 양쪽에 큰 빙하를 그립니다.

03 레이저 설치하기

❶ 고온이 뿜어져 나오는 레이저를 만들기 위해 [🔌(전기)]−[ARAY (ARAY)]를 선택합니다.

❷ 브러시 크기를 작게 조절한 후 브러시 모양을 자유롭게 변경합니다.

❸ 마우스 왼쪽 버튼을 누른 채 드래그하여 빙하 양쪽 옆에 ARAY (ARAY)를 설치합니다.

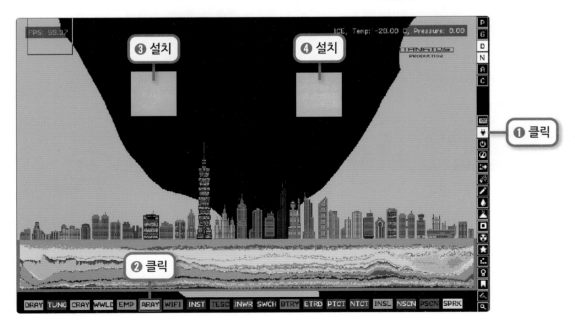

④ **ARAY** (ARAY)의 온도를 변경하기 위해 [🔦 (툴)]―[**PROP** (PROP)]를 선택합니다.

⑤ [Edit property] 창이 열리면 속성을 'temp'로 선택한 후 값에 '9999'를 입력하고, [OK] 버튼을 클릭합니다.

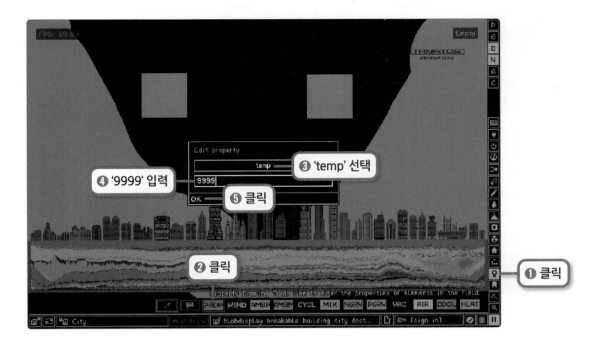

⑥ 양쪽에 추가된 **ARAY** (ARAY)를 마우스로 문질러 속성을 변경합니다.

⑦ 전도체를 연결하기 위해 [🔌 (전기)]―[**PSCN** (PSCN)]을 선택합니다.

⑧ 마우스 휠을 아래로 당겨 브러시 크기를 변경한 후 Shift + 마우스 왼쪽 버튼을 누른 채 드래그 하여 두 **ARAY** (ARAY)를 연결합니다.

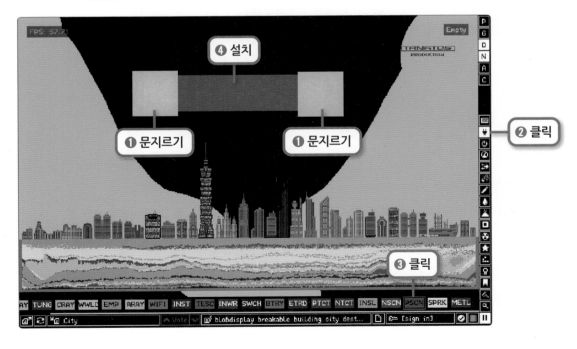

⑨ ARAY (ARAY)에 전기를 보내기 위해 [🔌 (전기)]−[BTRY (BTRY)]를 선택합니다.
⑩ PSCN (PSCN)의 중간에 마우스 왼쪽 버튼을 클릭하여 BTRY (BTRY)를 설치합니다.

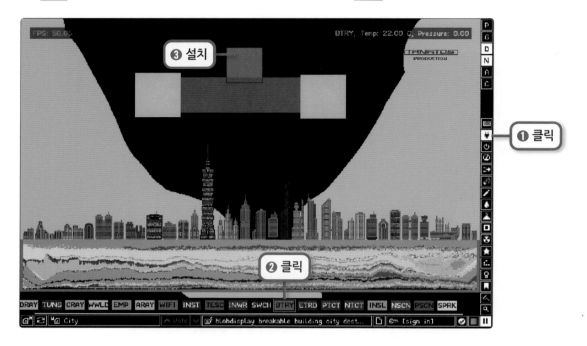

⑪ 시뮬레이션을 실행하여 빙하가 다 녹으면 도시가 어떻게 되는지 확인해 봅니다.

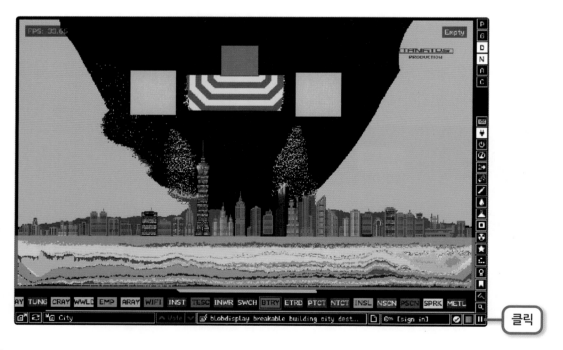

Tip 위 실험은 레이저로 빙하를 녹이고 있지만, 실제로 온도가 높아지면서 빙하가 녹고 있습니다.
빙하가 전부 녹으면 우리가 사는 땅은 어떻게 될지 생각해 봅니다.

내 맘대로 실험하기

01 물질을 이용하여 산을 그려봅니다.

> 조건
> • [■ (고체)]─[**WOOD** (WOOD)], [**PLNT** (PLNT)]을 이용하여 산을 그립니다.

02 **ARAY** (ARAY)를 이용하여 산 주변 온도가 뜨거워지도록 가상의 뜨거운 태양을 만든 후 자연의 변화를 확인합니다.

> 조건
> • [⚡ (전기)]─[**ARAY** (ARAY)]를 선택하여 산 주변에 태양을 그린 후 [🔧 (툴)]─[**PROP** (PROP)]에서 온도를 고온으로 만듭니다.
> • [⚡ (전기)]─[**PSCN** (PSCN)], [**BTRY** (BTRY)]를 설치하고, 실험을 실행합니다.

18 Chapter

바닷물에 잠기는 건물 탈출하기

학습내용 알아보기

• 층이 나눠져 있는 건물을 그릴 수 있습니다.
• 송풍기를 이용하여 이동 통로를 만들 수 있습니다.
• 스틱맨이 건물을 탈출할 수 있도록 도와줄 수 있습니다.

실험 과정

[건물 만들기]

[송풍기 설치하기]

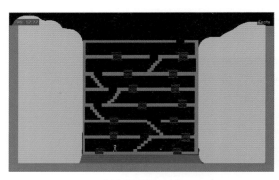

[빙하 만들기]

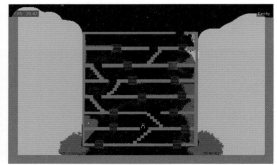

[실험하기]

실험 물질

사용 물질	물질 설명
BRCK (BRCK)	일반 벽돌입니다.
SLTW (SLTW)	소금물입니다.
ICE (ICE)	얼음입니다.
STKM (STKM)	움직이는 스틱맨입니다.
(FAN)	송풍기로 지정한 방향으로 가루, 액체, 기체, 에너지 입자, 압력, 중력 등을 날릴 수 있습니다.

TPT 실험실

▶▶ 바닷물이 넘쳐 건물 안으로 차오르는 모습을 상상해봅니다. 그동안 알게 된 사실로 이와 같은 상황을 표현해 보고, 스틱맨이 건물을 빠져 나올 수 있도록 도와줍니다. [미션]을 확인하고, 필요한 물질은 자유롭게 사용해 봅니다.

 미션을 어떻게 해결할지 스케치해 보세요.

[미션] 1. 층이 나눠져 있는 건물 만들기
2. 송풍기를 이용하여 바닷물의 이동 통로 만들기
3. 빙하가 녹아 바닷물이 건물로 스며들게 하기
4. 바다에 잠기는 건물에서 스틱맨 탈출하기

▶▶ 스틱맨과 바닷물이 이동할 수 있는 통로를 추가하여 건물을 완성하고, 바닷물이 바람을 타고 위층으로 이동할 수 있도록 송풍기를 만들어 봅니다. 그런 다음 빙하가 녹아 바다가 될 수 있도록 빙하를 높게 그려 보고, 스틱맨을 건물 1층에 추가하여 시뮬레이션을 실행해 봅니다.

01 건물 만들기

❶ (파우더 토이) 아이콘을 더블 클릭하여 프로그램을 실행합니다.

❷ 우선 실험을 위해 파우더 토이 실행 창 오른쪽 하단의 재생(▋▋) 버튼을 클릭하여 물질의 이동을 멈춥니다. 그런 다음 [■ (고체)]−[BRCK (BRCK)]로 물을 모아 놓을 바닥을 만들어 봅니다.

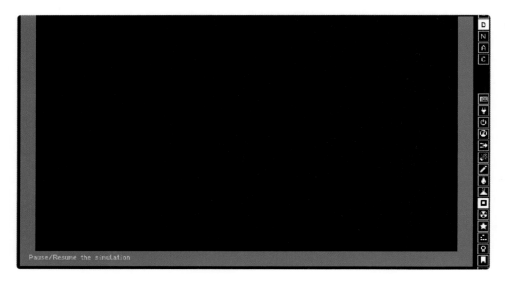

❸ [■ (고체)]−[BRCK (BRCK)]로 층이 나눠진 건물을 만들어 봅니다.

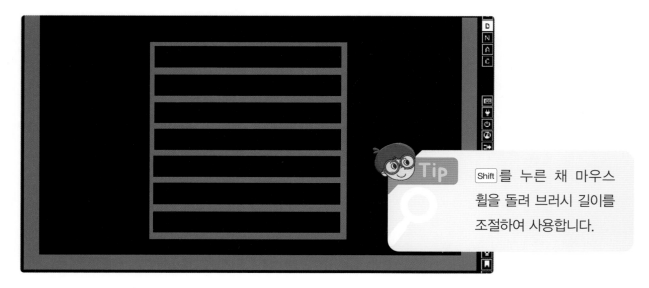

Tip
Shift 를 누른 채 마우스 휠을 돌려 브러시 길이를 조절하여 사용합니다.

❹ 바닷물이 유입될 통로(층마다 2개)와 스틱맨에 이동 통로(층마다 1개)를 뚫습니다.

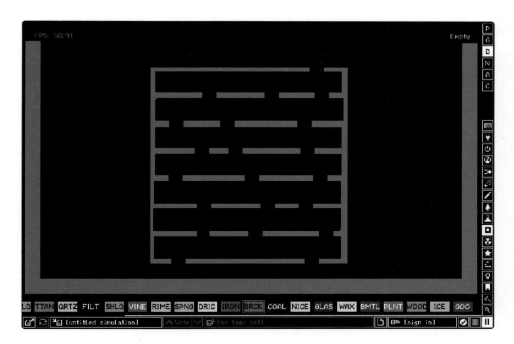

Tip   빈 공간 만들기 : 마우스 오른쪽 버튼 누르기

❺ [▣ (고체)]-[BRCK (BRCK)]로 스틱맨이 위층으로 이동할 수 있는 계단을 만들어 봅니다.

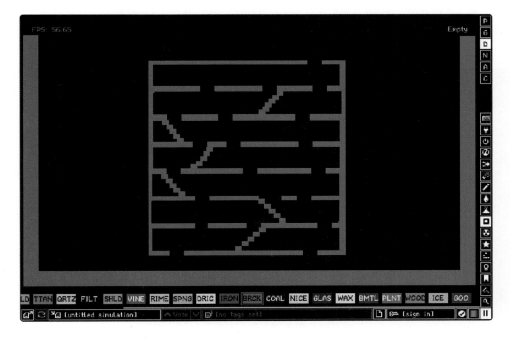

Tip   물의 이동 경로를 생각하며 계단을 추가합니다.

02 송풍기 설치하기

① [▦(벽)]–[▨(FAN)]으로 뚫려 있는 구멍에 송풍기를 만듭니다.

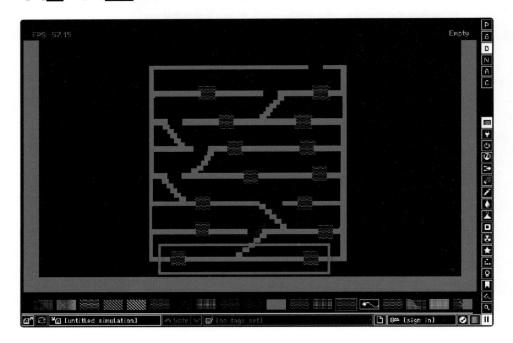

 **Tip** 아래쪽은 물을 건물 안으로 끌어올리기 위해 뚫려 있는 곳에 송풍기를 설치합니다.

② Shift + 마우스 왼쪽 버튼을 누른 채 드래그하여 송풍기의 방향을 위층 송풍기 위치로 향하도록 설정합니다.

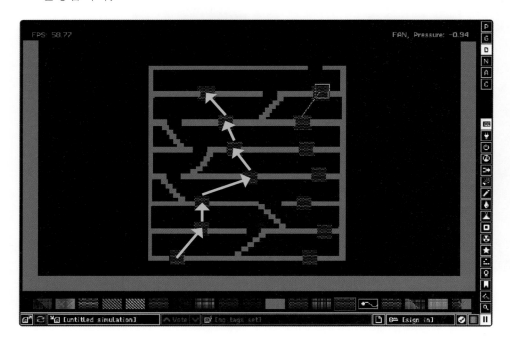

03 빙하 만들기

❶ [■ (고체)]−[ICE (ICE)]로 건물 양쪽에 빙하를 그립니다.

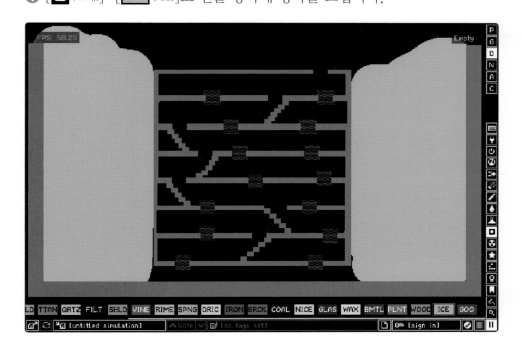

빙하를 그릴 때 빙하가 건물 안으로 들어가지 않도록 주의합니다.

❷ 빙하가 빨리 녹을 수 있도록 [🔥 (액체)]−[SLTW (SLTW)]를 빙하 아래쪽에 뿌려줍니다.

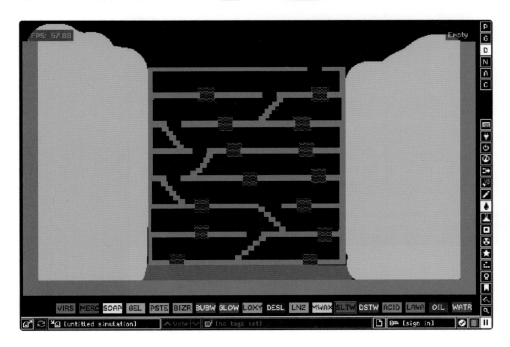

04 스틱맨 탈출하기

❶ 스틱맨을 이용하여 게임을 진행하기 위해 [★ (특수)]−[STKM (STKM)]을 건물 1층에 추가합니다.

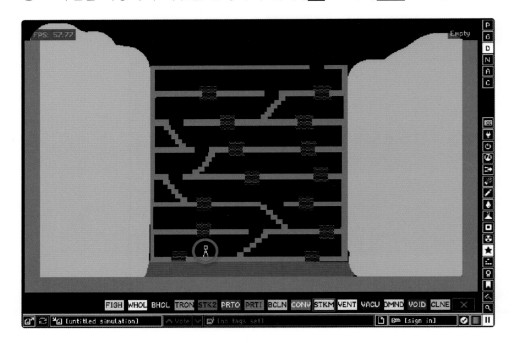

❷ 시뮬레이션을 실행한 후 키보드 방향키(←, ↑, ↓, →)를 이용하여 건물을 탈출해 봅니다.

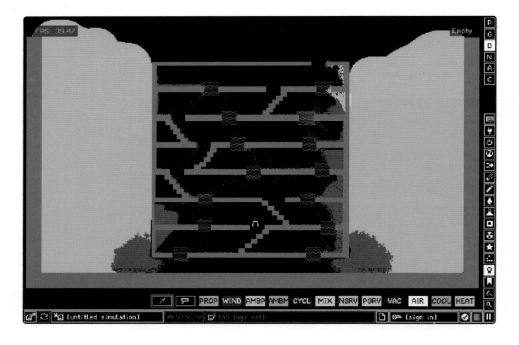

Chapter 18

내 맘대로 실험하기

01 용암지대를 완성해 봅니다.

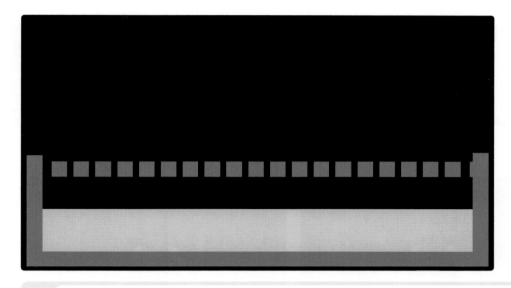

조건
- [▦ (벽)]−[▬ (기초벽)]과 [🔥 (액체)]−[**LAVA** (LAVA)]를 이용하여 용암지대를 만듭니다.
- [▦ (벽)]−[▬ (기초벽)]로 스틱맨이 지나갈 수 있는 징검다리를 만듭니다.

02 스틱맨이 용암지대를 지나갈 수 있도록 컨트롤해 봅니다.

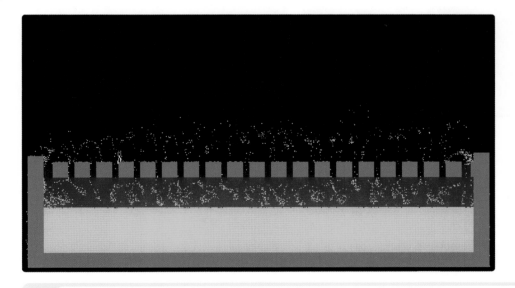

조건
- [⭐ (특수)]−[**STKM** (STKM)] 을 이용하여 스틱맨을 추가합니다.
- 키보드 방향키(←, ↑, ↓, →)로 스틱맨을 컨트롤해 봅니다.

19
Chapter

화산 폭발

학습내용 알아보기

- 물질을 이용하여 화산을 만들 수 있습니다.
- 화산이 폭발하면 화산재가 생기는지 실험해 볼 수 있습니다.

실험 과정

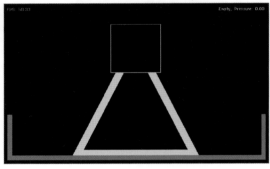

[화산 만들기]

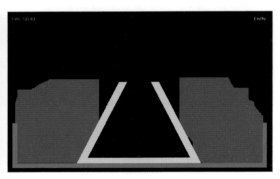

[바닷물 담기]

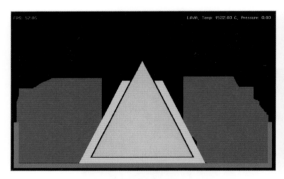

[용암 넣기]

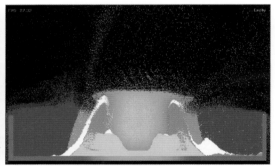

[실험하기]

실험 물질

사용 물질	물질 설명
BRCK (BRCK)	일반 벽돌입니다.
SLTW (SLTW)	소금물입니다.
SAND (SAND)	모래입니다.
LAVA (LAVA)	용암입니다.

▶▶ (BRCK)로 틀을 만들고, SAND(SAND)와 LAVA(LAVA)으로 화산을 만들어 봅니다. 그런 다음 화산 주변에 SLTW(SLTW)을 뿌려 용암이 분출되어 바닷물에 닿으면 어떤 변화가 있을지 실험해 봅니다.

 화산이 폭발하고 용암이 바닷물에 닿으면 어떻게 될까?

미 지질조사국은 화산이 폭발하여 용암이 바다에 닿으면 화학반응을 일으켜 염화수소 또는 염산 성분 등 위험 물질을 머금은 연기가 퍼질 수 있다고 밝혔습니다.
이 유독성 연기가 신체에 닿으면 폐나 눈 피부 경련을 일으킬 수 있다고 합니다.

(출처) KBS뉴스
https://news.kbs.co.kr/news/view.do?ncd=3652486

 화산재는 어떻게 만들어질까? 그리고 어떤 위험성이 있을까?

 화산재는 화산 분화로 발생한 잘게 부서져 식은 암석 부스러기와 유리 조각인 테프라(Tephra)로 구성되며, 크기는 직경 4mm 미만입니다. 화산재는 호흡기 문제를 유발하며 기계를 오작동시킵니다. 1815년 인도네시아의 탐보라 화산 폭발로 인해 발생한 화산재는 그 해의 기후를 변화시키기도 했습니다. 또한 화산재 안에 있는 규소가 비행기 엔진을 마비시켜 비행기 운용을 불가능하게 합니다.

(출처) 위키백과
https://ko.wikipedia.org/wiki/%ED%99%94%EC%82%B0%EC%9E%AC

 화산이 폭발하면 도시는 어떻게 될지 작품을 만들어 보며 함께 확인해 봅니다.

파우더 토이로 화학 실험하기

▶▶ 물질을 이용하여 화산을 만들고 화산이 폭발하면 화산재가 생기는지 실험을 통해 확인해 봅니다.

01 바닥 만들기

❶ 🖼 (파우더 토이) 아이콘을 더블 클릭하여 프로그램을 실행합니다.

❷ 우선 실험을 위해 파우더 토이 실행 창 오른쪽 하단의 재생(⏸) 버튼을 클릭하여 물질의 이동을 멈춥니다.

❸ 바닥을 만들기 위해 [▢ (고체)]–[BRCK (BRCK)]를 선택합니다.

❹ 마우스 휠을 위로 돌려 브러시 크기를 변경하고, Tab 을 눌러 브러시 모양을 네모로 변경합니다.

❺ 마우스 왼쪽 버튼을 누른 채 드래그하여 바닥을 만듭니다.

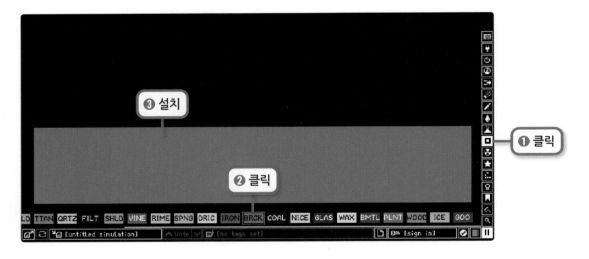

❻ Shift + 마우스 오른쪽 버튼을 누른 채 드래그하여 빈 공간을 만듭니다.

Tip 마우스 오른쪽 버튼을 누른 채 드래그하면 그려져 있는 물질을 지울 수 있습니다.

모래로 화산 만들기

❶ 화산을 만들기 위해 [![가루]](가루)]−[SAND (SAND)]를 선택합니다.

❷ Tab 을 눌러 브러시 모양을 세모로 만든 후 브러시 크기를 조절하여 바닥에 화산을 만듭니다.

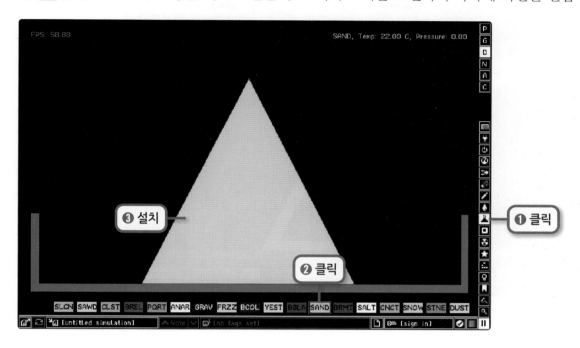

 브러시 크기 조절 : 마우스 휠을 위나 아래로 밀기

❸ 브러시 크기를 조절한 후 화산 안에 빈 공간을 만듭니다.

Tip 빈 공간 만들기 : 마우스
오른쪽 버튼 클릭하기

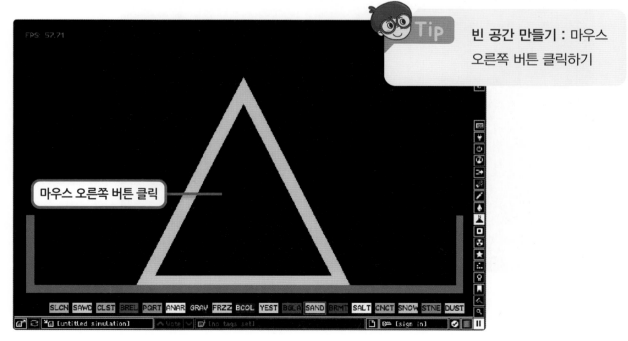

④ Tab을 눌러 브러시 모양을 네모로 변경한 후 브러시 크기를 조절하여 용암이 나올 수 있도록 화산 위쪽을 뚫습니다.

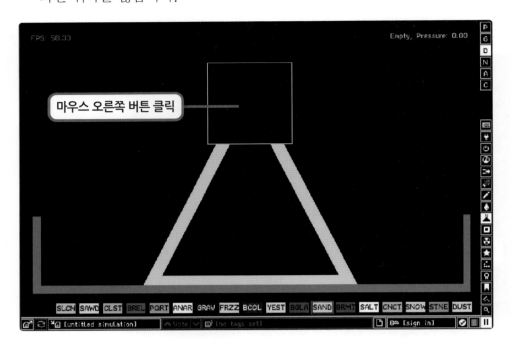

03 바닷물 추가하기

❶ 바닥에 바닷물을 추가하기 위해 [🔥 (액체)]-[SLTW (SLTW)]를 선택합니다.

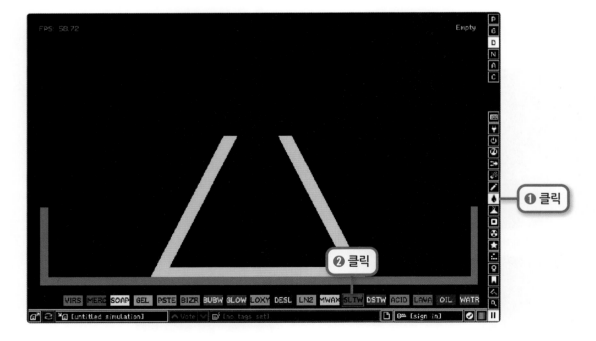

❷ 화산 양 옆에 마우스 왼쪽 버튼을 클릭하여 바닷물을 추가합니다.

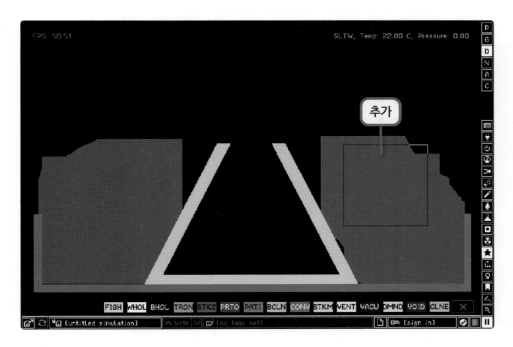

 바닷물을 추가할 땐 시뮬레이션을 실행하면 편리하지만 모래가 무너질 수 있으므로 시뮬레이션을
정지하고 작업합니다.

04 화산에 용암 담기

❶ 용암을 추가하기 위해 [🔥 (액체)]-[LAVA (LAVA)]를 선택합니다.

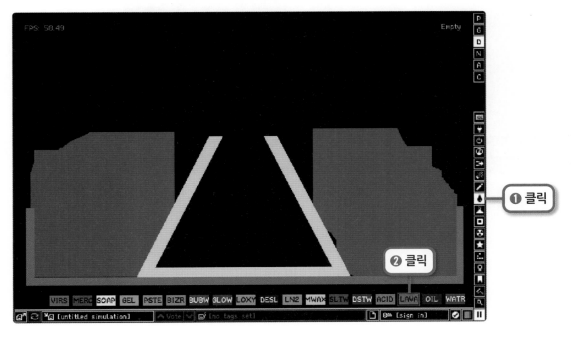

❷ Tab을 눌러 브러시 모양을 세모로 변경한 후 브러시 크기를 조절합니다.

❸ 화산 안의 빈 공간에서 마우스 왼쪽 버튼을 클릭하여 용암을 채웁니다.

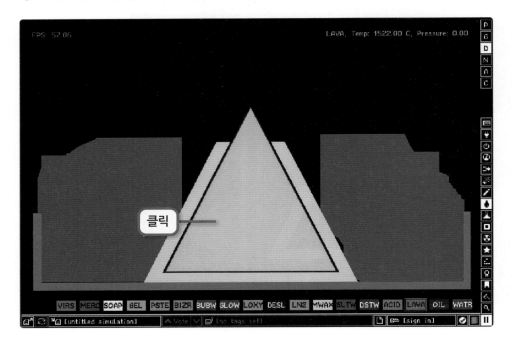

❹ 용암이 폭발하면 바닷물에 어떤 변화가 생기는지 확인해 봅니다.

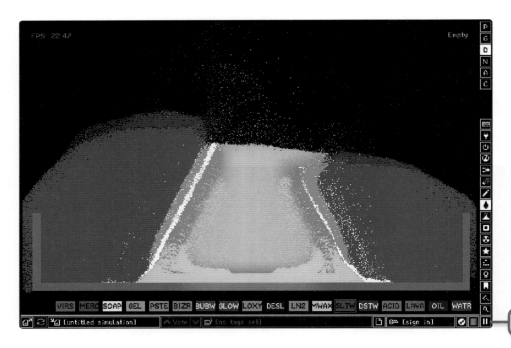

파우더 토이로 배우는 과학 실험

내 맘대로 실험하기

01 벽돌을 이용하여 땅을 표현하고 땅 안에 핵을 만들어 봅니다.

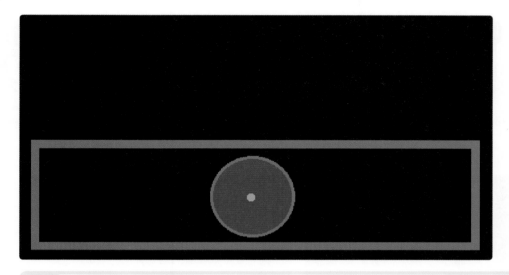

조건
- [⬛ (고체)]-[**BRCK** (BRCK)]를 이용하여 땅을 표현하고, 공간을 만들어 핵이 될 원형 틀을 만듭니다.
- [☢ (방사능)]-[**NEUT** (NEUT)], [**PLUT** (PLUT)]를 이용하여 핵을 만듭니다.

02 땅 안에 용암을 추가하고 땅 위에 모래를 뿌려 놓은 뒤 시뮬레이션을 실행하여 핵이 터질 때 용암의 모습을 확인합니다.

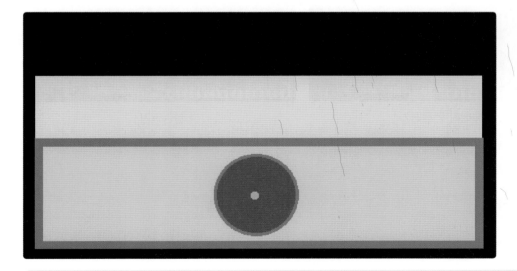

조건
- [🔥 (액체)]-[**LAVA** (LAVA)]를 이용하여 땅 안의 용암을 채웁니다.
- [⛏ (가루)]-[**SAND** (SAND)]를 선택하여 땅 위에 뿌립니다.

20 Chapter

피복이 벗겨진 전선

학습내용 알아보기

- 물질을 이용하여 피복이 벗겨진 전선을 만들 수 있습니다.
- 피복이 벗겨진 부분에 풀을 그릴 수 있습니다.
- 피복이 벗겨진 전선에 전기가 흐르면 어떤 위험이 있는지 실험해 볼 수 있습니다.

실험 과정

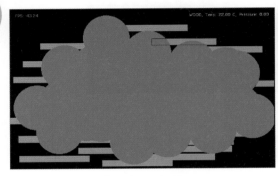

[풀 숲 그리기]

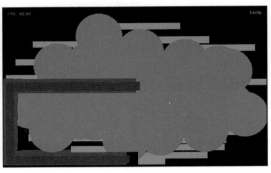

[피복이 벗겨진 전선 설치하기]

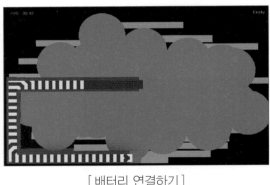

[배터리 연결하기]

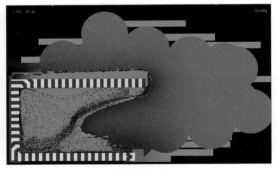

[실험하기]

실험 물질

사용 물질	물질 설명
WOOD (WOOD)	나무입니다.
PLNT (PLNT)	풀입니다.
METL (METL)	메탈로 철사를 표현할 수 있습니다.
GOO (GOO)	고무입니다.
BTRY (BTRY)	배터리입니다.

01 TPT 실험실

▶▶ `WOOD` (WOOD)와 `PLNT` (PLNT)으로 자연을 표현한 후 `METL` (METL)과 `GOO` (GOO)로 오래되어 피복에 벗겨진 전선을 그려봅니다. 피복이 벗겨진 전선에 `BTRY` (BTRY)로 전기를 보내면 자연은 어떤 위험에 노출되는지 실험해 봅니다.

전기로 일어날 수 있는 사고는 무엇이 있을까?

전기가 흐르고 있는 전기기기 등에 사람이 접촉되어 인체에 전기가 흘러 일어나는 감전 사고가 있고, 전기가 원인이 되어 일어나는 전기화재 사고가 있습니다.
감전 사고 시 화상을 입거나 생명을 잃을 수도 있기 때문에 조심해야 합니다.

피복이 벗겨진 전선을 사용하면 무엇이 위험할까?

피복이 벗겨졌거나 갈라진 전선은 감전 사고를 일으키거나 화재 사고가 일어날 수 있으므로 전선을 교체하거나 절연테이프로 감싸 사용해야 합니다.

피복이 벗겨진 전선이 어떤 위험이 있는지 작품을 만들어 보며 함께 확인해 봅니다.

파우더 토이로 화학 실험하기

▶▶ 물질을 이용하여 풀숲을 그리고 풀숲 일부를 지워 피복이 벗겨진 전선을 그려봅니다. 그런 다음 전선에 전기를 흘려 보내 풀숲의 변화를 실험을 통해 확인해 봅니다.

01 풀숲 만들기

❶ (파우더 토이) 아이콘을 더블 클릭하여 프로그램을 실행합니다.

❷ 풀숲을 그리기 위해 [■(고체)]-[PLNT (PLNT)]를 선택합니다.

❸ 브러시 모양과 크기를 변경하여 풀숲을 그려봅니다.

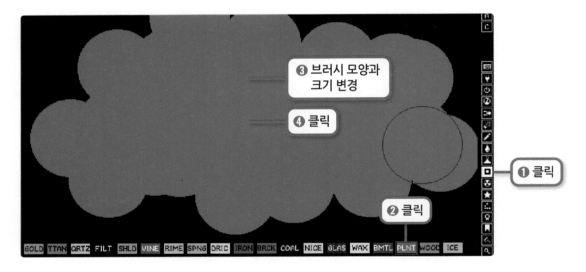

❹ 풀숲에 나뭇가지를 그리기 위해 [■(고체)]-[WOOD (WOOD)]를 선택합니다.

❺ Tab 을 눌러 브러시 모양을 네모로 변경한 후 Shift 를 누른 채 마우스 휠을 돌려 브러시 모양을 길쭉하게 너비를 변경해 봅니다.

❻ 마우스 왼쪽 버튼을 클릭하여 풀숲 사이에 나뭇가지를 그려봅니다.

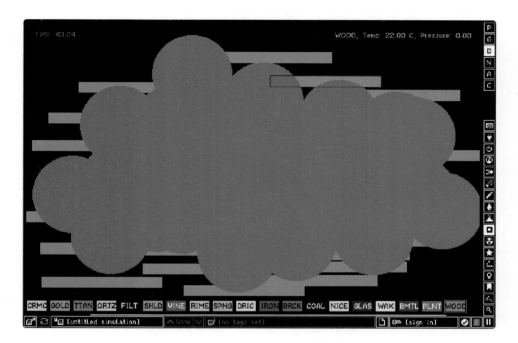

02 피복이 벗겨진 전선 그리기

❶ 풀숲 사이에 전선을 그리기 위해 브러시 크기를 변경한 후 마우스 오른쪽 버튼을 클릭하여 빈
공간을 만듭니다.

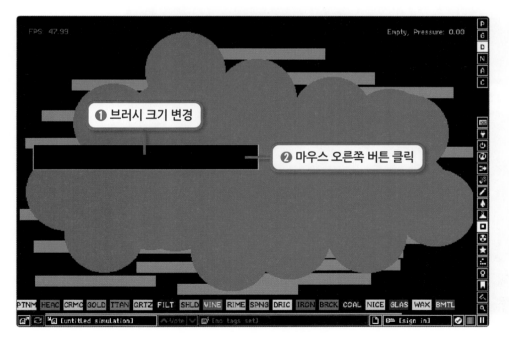

② [🔌(전기)]–[METL (METL)]을 선택한 후 Ctrl을 누른 채 브러시 크기를 조절합니다.

③ 전선을 추가할 공간에서 마우스 왼쪽 버튼을 클릭합니다.

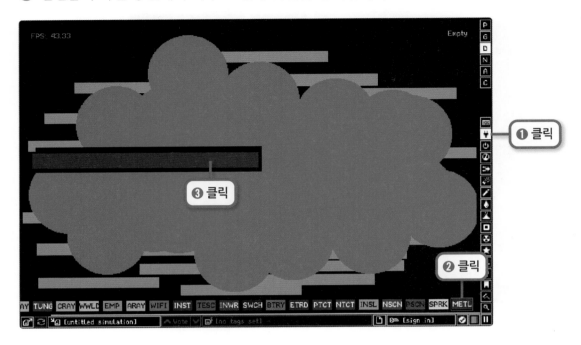

④ 전선에 피복을 감싸기 위해 [□ (고체)]–[GOO (GOO)]를 선택한 후 브러시 크기를 전선보다 크게 변경합니다.

⑤ 마우스 왼쪽 버튼을 클릭하여 METL (METL)을 GOO (GOO)로 감쌉니다.

❻ 비워져 있는 공간을 풀로 채우기 위해 [▣ (고체)]−[PLNT (PLNT)]를 선택하여 마우스 왼쪽 버튼을 클릭합니다.

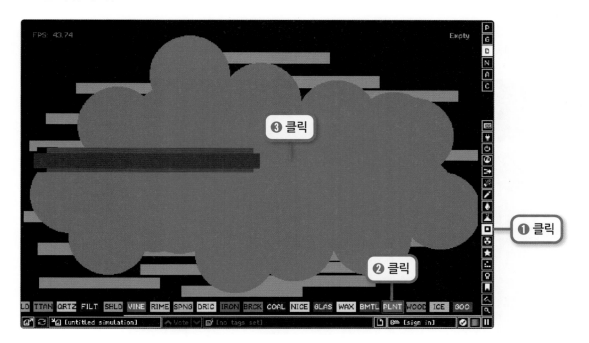

❼ ❷~❺와 같은 방법으로 전선을 추가 설치합니다.

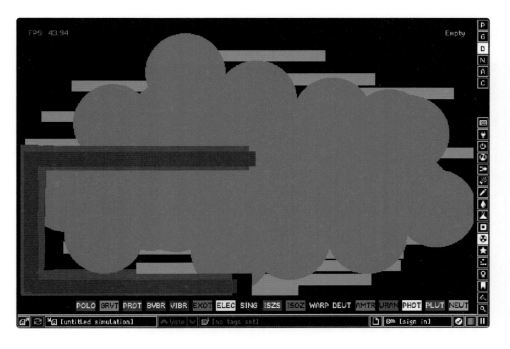

 Ctrl을 누른 채 마우스 휠을 돌리면 브러시 높이가 변경됩니다.

03 배터리 설치하기

❶ 전선에 배터리를 연결하기 위해 [🔌 (전기)]−[**BTRY** (BTRY)]를 선택한 후 브러시 크기를 전선보다 크게 변경합니다.

❷ 전선 끝 쪽에서 마우스 왼쪽 버튼을 클릭하여 **BTRY** (BTRY)를 설치합니다.

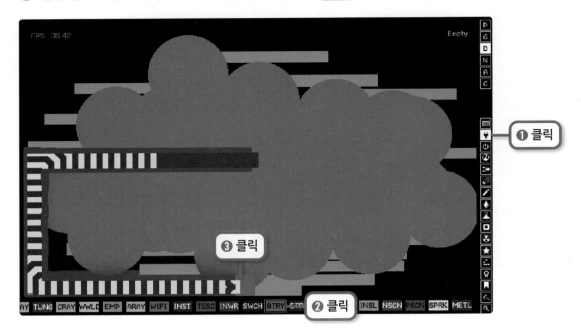

❸ 피복이 벗겨진 전선 때문에 자연에 어떤 피해를 입히는지 확인해 봅니다.

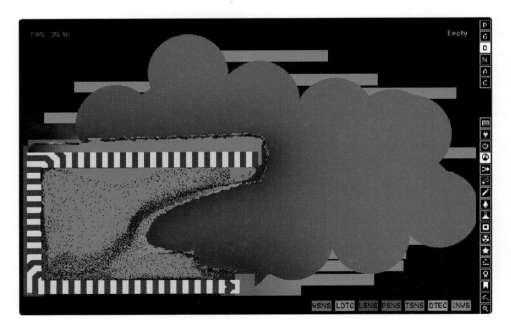

 **Tip** 전기가 흐르는 전선에 피복은 전기 또는 열이 통하지 않습니다. 이런 피복을 '절연체'나 '절연물'이라고 합니다. 파우더 토이의 '고무'는 높은 온도에 녹습니다.

내 맘대로 실험하기

01 시뮬레이션을 정지한 후 메탈을 이용하여 전선 2개를 그려 두 전선 중 하나의 전선에만 열을 올립니다.

조건
- [⚡ (전기)]−[**METL** (METL)]을 이용하여 전선 2개를 완성합니다.
- [🔧 (툴)]−[**PROP** (PROP)]을 이용하여 'temp'를 선택하고 '9999'를 입력한 후 전선 하나만 문지릅니다.

02 전선에 고무를 감싼 후 시뮬레이션을 실행합니다. 열이 높은 전선에 고무가 녹는지 확인해 봅니다.

조건
- [⬛ (고체)]−[**GOO** (GOO)]를 선택한 후 메탈 주변을 감쌉니다.

21 Chapter

자전거 부식 방지

학습내용 알아보기

• 자전거를 그릴 수 있습니다.
• 자전거를 소금물에 담글 수 있습니다.
• 소금물에 빠진 자전거의 반응을 실험해 볼 수 있습니다.

실험 과정

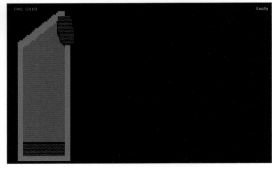

[물탱크 그리기]

[자전거 그리기]

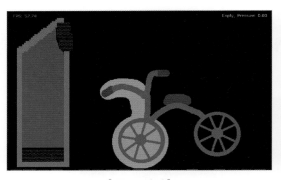

[금 그리기]

[실험하기]

실험 물질

사용 물질	물질 설명
SLTW (SLTW)	소금물입니다.
GOO (GOO)	고무입니다.
IRON (IRON)	철입니다.
(기초벽)	벽을 세울 수 있습니다.
(FAN)	송풍기로 지정한 방향으로 가루, 액체, 기체, 에너지 입자, 압력, 중력 등을 날릴 수 있습니다.

01 TPT 실험실

▶▶ IRON (IRON)과 GOO (GOO)로 여름철 밖에 세워둔 자전거를 만듭니다. 그런 다음 ▨ (기초벽)과 ▨ (FAN)으로 물탱크를 만든 후 SLTW (SLTW)를 물탱크에 가득 채워 송풍기로 바닷물을 자전거로 날려 보냅니다. 철이 바닷물(또는 물)에 닿으면 어떻게 되는지 실험해 봅니다.

철이 바닷물에 닿으면 왜 부식될까?

모든 물질은 원래 상태로 돌아가려는 성질이 있습니다. 금속은 암석 속의 광물을 녹여 가공한 것으로 금속이 다시 암석이 될 수 있는 방법은 산소에 있습니다. 금속은 암석 속에서 산소와 함께 존재하는데 이를 '금속 산화'라고 합니다. 이중 '원치 않는 금속의 산화'를 부식이라고 합니다. 철이 부식되게 도와주는 것이 물과 산소인데 여기에 소금과 같은 염분이 추가되면 부식은 더 빠르게 진행됩니다. 철이 부식되면 철의 표면이 떨어져 나오면서 전체 구조의 안정성에 문제가 생깁니다.

(출처) 인천투데이
http://www.incheontoday.com/news/articleView.html?idxno=36430

바다에 떠 있는 배는 부식되지 않을까?

바닷물에 항상 노출되어 있는 함정은 철로 만들어져 있어 녹이 쉽게 발생합니다. 하지만 함정은 바닷물에 노출되어 있어도 항상 깨끗함이 유지되고 있습니다. 함정은 왜 녹이 슬지 않을까요? 주기적으로 깨끗하게 청소하는 것도 있지만 함정 선저에 아연판을 부착하면 선저의 철 대신 아연에 먼저 부식이 일어나게 됩니다. 부식된 아연판을 주기적으로 교체하면 함정 선저의 부식을 막을 수 있습니다.

(출처) 세계일보
https://m.segye.com/view/20171007000048

바닷물에 닿은 자전거가 어떻게 될지 작품을 만들어 보며 함께 확인해 봅니다.

02 파우더 토이로 화학 실험하기

▶▶ 소금물을 물탱크에서 하늘로 날리기 위해 물탱크에 소금물을 채웁니다. 그런 다음 철과 고무를 이용하여 자전거를 그리고 소금물에 빠진 자전거의 반응을 실험을 통해 확인해 봅니다.

01 물탱크 만들기

❶ (파우더 토이) 아이콘을 더블 클릭하여 프로그램을 실행합니다.

❷ 우선 실험을 위해 파우더 토이 실행 창 오른쪽 하단의 재생(⏸) 버튼을 클릭하여 물질의 이동을 멈춥니다. 물탱크를 만들기 위해 [▦(벽)]−[■(기초벽)]을 선택합니다.

❸ 브러시 크기를 작게 조절한 후 Shift + 마우스 왼쪽 버튼을 누른 채 드래그하여 물탱크를 그립니다.

❹ 송풍기를 설치하기 위해 [▦(벽)]−[▨(FAN)]을 선택합니다. 브러시 크기를 조절한 후 물탱크 바닥과 입구에 ▨(FAN)을 설치한 후 송풍기의 방향(바닥 : 위쪽 / 입구 : 앞쪽)을 설정합니다.

송풍기 방향 설정하기

Shift + 마우스 왼쪽 버튼을 누른 채 드래그하기

물탱크에 소금물 채우기

❶ 소금물을 채우기 위해 [🔥(액체)]−[**SLTW** (SLTW)]을 선택합니다.

❷ 브러시 크기를 크게 조절한 후 물탱크에 **SLTW** (SLTW)을 채워봅니다.

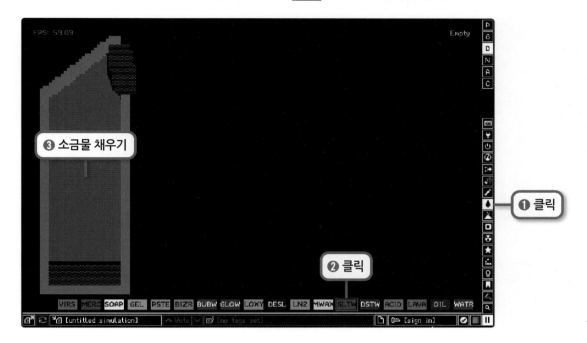

❸ 소금물 채우기

❶ 클릭

❷ 클릭

 **Tip**

소금물을 채울 때 주의할 점

• 소금물을 채울 때 ▨(FAN)이 지워지지 않도록 조심합니다.

이 부분은 소금물을 채우지 않습니다.

• ▨(기초벽)은 소금물이 닿아도 지워지지 않습니다.

03 자전거 그리기

❶ 자전거의 프레임을 그리기 위해 [■(고체)]-[IRON(IRON)]를 선택합니다.

❷ 브러시 크기와 모양을 자유롭게 변경하며 자전거를 그려봅니다.

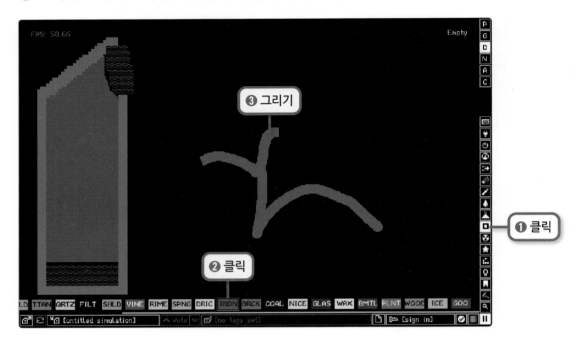

❸ [■(고체)]-[GOO(GOO)]를 선택하여 자전거의 안장과 손잡이를 그려봅니다.

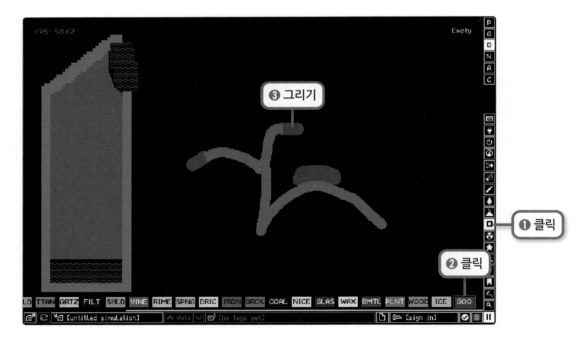

❹ 자전거 바퀴를 그리기 위해 [■(고체)]-[IRON(IRON)]를 선택합니다.

❺ 브러시 크기를 크게 조절한 후 브러시 모양을 동그라미로 변경합니다.

❻ 마우스 왼쪽 버튼을 클릭하여 앞바퀴와 뒷바퀴를 그려봅니다.

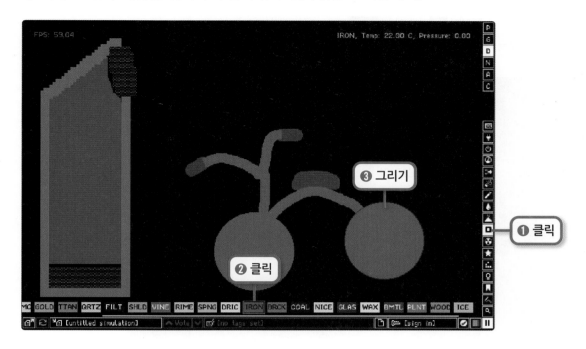

❼ 브러시 크기를 작게 조절한 후 마우스 오른쪽 버튼을 클릭하여 앞바퀴와 뒷바퀴에 빈 공간을 만듭니다.

❽ 브러시 크기를 작게 조절한 후 바퀴를 꾸며봅니다.

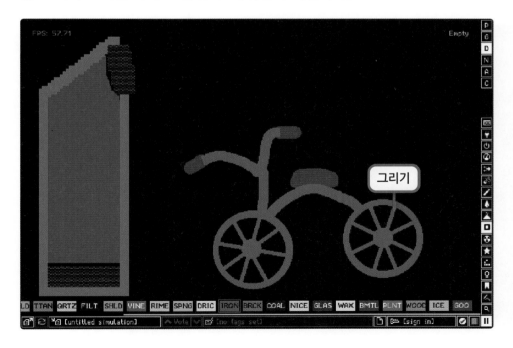

바퀴살을 그릴 땐 Shift + 마우스 왼쪽 버튼을 누른 채 드래그합니다.

04 자전거 근처에 금 놓기

❶ 금을 그려 넣기 위해 [■ (고체)]–[**GOLD** (GOLD)]를 선택합니다.

❷ 브러시 크기를 조절한 후 자전거 한 쪽에 금을 그려 넣습니다.

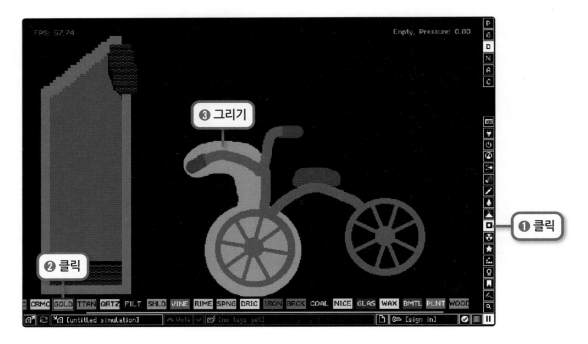

❸ 시뮬레이션을 실행하여 금이 있는 쪽과 금이 없는 쪽에 자전거 부식 상태를 확인해 봅니다.

Tip 철 근처에 금이 있으면 철의 부식을 방지해 주나 파우더 토이에서는 금을 철에 붙여서 그려줘야
철이 부식되지 않습니다.

내 맘대로 실험하기

01 물탱크 3개를 그린 후 물탱크에 철을 그립니다.

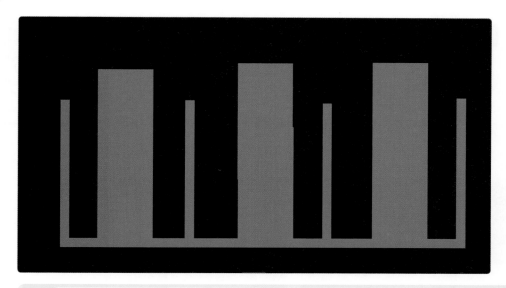

조건
- [▦ (벽)]–[▬ (기초벽)]을 이용하여 물탱크를 그립니다.
- [▣ (고체)]–[IRON (IRON)]을 이용하여 물탱크에 철을 그려 넣습니다.

02 물탱크에 각각 소금물, 물, 증류수를 넣고 철이 부식되는지 확인해 봅니다.

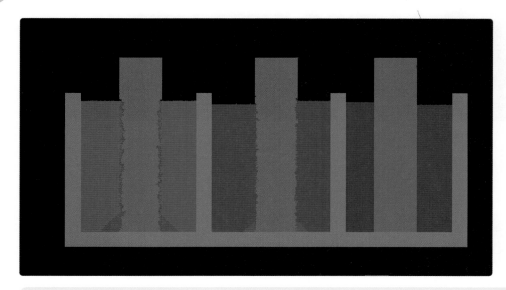

조건
- [💧 (액체)]–[SLTW (SLTW)], [WATR (WATR)], [DSTW (DSTW)]를 선택한 후 메탈 주변을 감쌉니다.

22
Chapter

가스가 가득 찬 가스통

학습내용 알아보기

- 트럭을 그릴 수 있습니다.
- 가스통에 가스를 채울 수 있습니다.
- 가스통이 뜨거워지면 어떻게 되는지 실험해 볼 수 있습니다.

 실험 과정

[트럭 그리기]

[가스통 그리기]

[가스통 온도 높이기]

[실험하기]

실험 물질

사용 물질	물질 설명
METL (METL)	메탈 그릇을 만들 수 있습니다.
WOOD (WOOD)	나무입니다.
PLNT (PLNT)	풀입니다.
GAS (GAS)	가스입니다.
GLAS (GLAS)	유리입니다.

01 TPT 실험실

▶▶ `METL` (METL)과 `GLAS` (GLAS)로 여름철 가스통을 배달하는 트럭을 그려봅니다. 가스통에 `GAS` (GAS)를 가득 채운 다음 `PROP` (PROP)으로 가스통의 열을 높여 가스통이 가열되면 어떤 위험이 있는지 실험해 봅니다.

가스가 가득 찬 가스통의 관리 방법

가스통(LPG)은 30℃ 이상의 고온이 지속되는 여름에는 내부압력이 상승하여 폭발 위험성이 높아지기 때문에 실외에 보관해야 합니다. 하지만 실외보관만으로 안심할 게 아니라 안전관리 법에 따라 안전한 보관을 해야 합니다.

1. 가스통의 뚜껑은 철저히 잠겨 있어야 합니다.
2. 직사광선은 피하고 통풍이 잘되는 실외에 보관해야 합니다.
3. 가스통 근처의 인화성 물질 체크 등 점화원(불꽃) 노출관리를 해야 합니다.

(출처)
https://m.blog.naver.com/PostView.naver?isHttpsRedirect=true&blogId=kgs_safety&logNo=220470581505

가스통이 둥근 이유

가스용기가 둥근 이유는 동일한 부피에서 내부의 압력을 받는 표면적을 적게 받게 하기 위해서 입니다. 표면적을 적게 받는 최적의 용기는 구모양이지만, 구모양의 용기는 만들기도 힘들고 관리도 힘들기 때문에 대부분의 용기가 원통형으로 제작되고 있습니다.

(출처) 한국가스안전공사
https://cyber.kgs.or.kr/scu.Scu01Read.ex.do;cyberJSESSIONID=wvKBhP7hdMQTyllhHpzGdB9Vf5hXnL2x2Dn4QJ1wwSr
QGv9qQyhv!-602032415!-1686989991?vocChCd=01&vocKindCd=&pageIndex=5170&hiddenYn=&iTotCnt=51838&bul
c=&tc1CD=&searchType=1&searchText=&vocRcptNo=200002020007

가스통이 가열되면 어떤 반응을 보이는지 작품을 만들어 보며 함께 확인해 봅니다.

 02 파우더 토이로 화학 실험하기

▶▶ 가스통을 운반할 1.5톤 트럭을 그린 다음 가스가 들어 있는 가스통을 트럭 위에 그려 봅니다.
가스통만 문질러 가스통의 온도를 높여준 다음 온도가 올라간 가스통의 위험성을 시뮬레이션을
통해 확인해 봅니다.

01 트럭 그리기

❶ 🖼️ (파우더 토이) 아이콘을 더블 클릭하여 프로그램을 실행합니다.

❷ 우선 실험을 위해 파우더 토이 실행 창 오른쪽 하단의 재생(⏸️) 버튼을 클릭하여 물질의 이동을
멈춥니다.

❸ 트럭을 만들기 위해 [🔌 (전기)]–[METL (METL)]을 선택합니다.

❹ 브러시 크기와 모양을 자유롭게 변경하여 트럭 프레임을 그려봅니다.

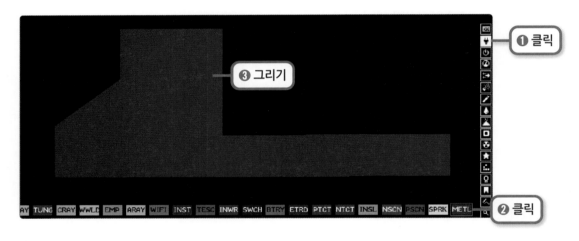

❺ 브러시 크기를 조절한 후 마우스 오른쪽 버튼을 클릭하여 창문이 될 위치를 뚫습니다.

❻ 유리를 채우기 위해 [⬛ (고체)]–[GLAS (GLAS)]를 선택한 후 뚫어 놓은 위치에서 Shift + Ctrl 을 누른
채 마우스 왼쪽 버튼을 클릭하여 유리를 채웁니다.

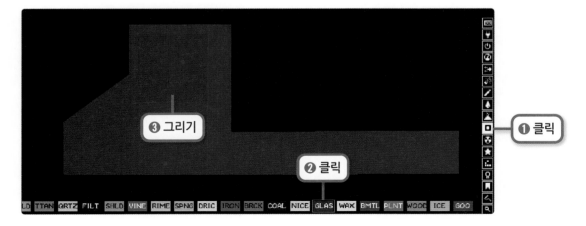

❼ 브러시 크기를 크게 조절한 후 브러시 모양을 동그라미로 변경합니다.

❽ 마우스 오른쪽 버튼을 클릭하여 트럭 바퀴가 있을 공간을 뚫습니다.

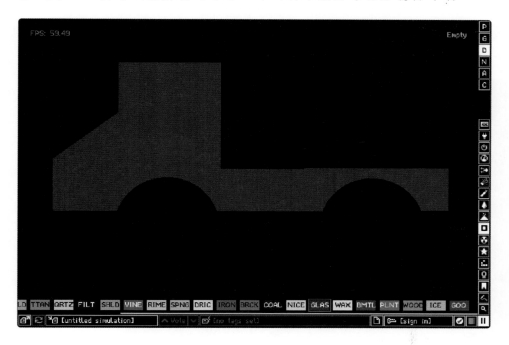

❾ 트럭의 바퀴를 만들기 위해 [■ (고체)]−[GOO (GOO)]를 선택합니다.

❿ 마우스 왼쪽 버튼을 클릭하여 바퀴를 만든 후 [🔌 (전기)]−[METL (METL)]을 선택하여 바퀴 휠을
꾸며 봅니다.

① 가스통을 그리기 위해 [🔌 (전기)]−[**METL** (METL)]을 선택합니다.
② 브러시 모양을 네모로 변경한 후 Ctrl 을 누른 채 마우스 휠을 돌려 브러시 높이를 조절합니다.
③ 트럭 위에 가스통을 그립니다.

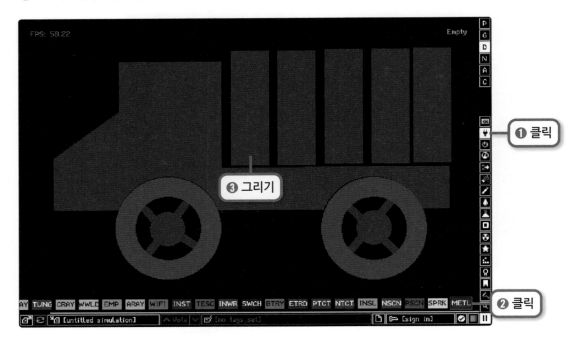

④ 브러시 크기를 작게 조절한 후 마우스 오른쪽 버튼을 클릭하여 가스통 안을 뚫습니다.

Tip 가스통은 얇게 만들어야 폭발하는 모습을 확인할 수 있습니다.

❺ 가스통에 가스를 채우기 위해 [🖊 (기체)]−[**GAS** (GAS)]를 선택합니다.

❻ 빈 가스통에 Shift + Ctrl 을 누른 채 마우스 왼쪽 버튼을 클릭합니다.

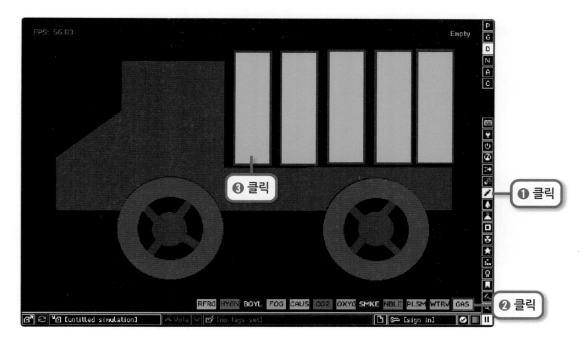

❼ 가스통에 온도를 높이기 위해 [🔧 (툴)]−[**PROP** (PROP)]를 선택합니다.

❽ [Edit property] 창이 열리면 'temp'를 선택하고 '3000'을 입력한 후 [OK] 버튼을 클릭합니다.

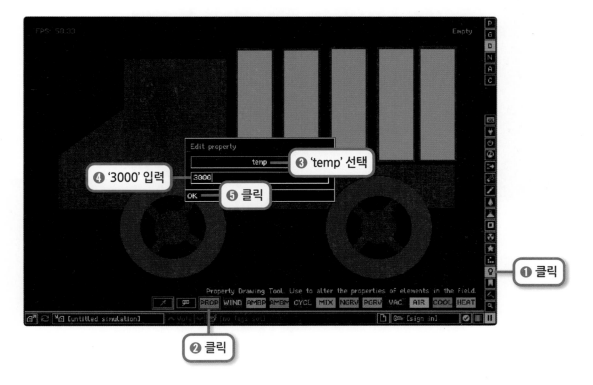

❾ 브러시 크기를 작게 조절한 후 트럭 위에 있는 가스통만 문질러 가스통의 온도를 높여 줍니다.

❿ 시뮬레이션을 실행하여 온도가 올라간 가스통의 위험성을 확인해 봅니다.

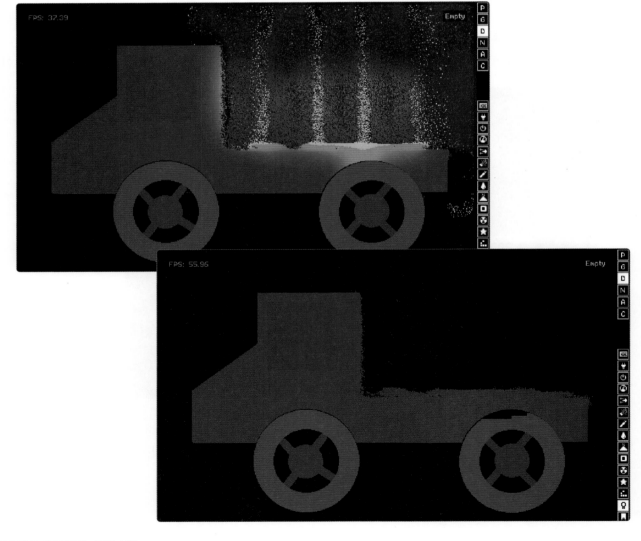

내 맘대로 실험하기

01 장작을 쌓은 뒤 가스가 가득 찬 가스통을 옆에 그립니다.

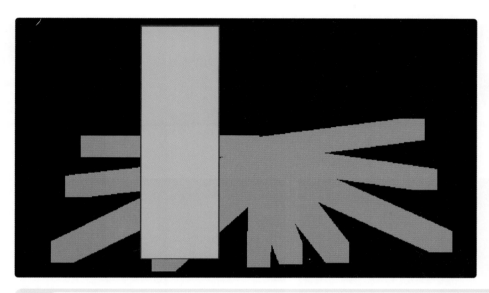

조건
- [🔲 (고체)]–[WOOD (WOOD)]를 이용하여 장작을 그립니다.
- [🔌 (전기)]–[METL (METL)]을 이용하여 가스통을 그립니다.
- [✏️ (기체)]–[GAS (GAS)]를 이용하여 가스를 채웁니다.

02 장작에 불을 붙여 불 근처에 있는 가스통이 가열되면 어떤 위험이 있는지 확인해 봅니다.

조건
- [💥 (폭발물)]–[FIRE (FIRE)]를 이용하여 장작에 불을 붙입니다.

23
Chapter

화재 진압하기

학습내용 알아보기

• 집을 그릴 수 있습니다.
• 소화기를 만들 수 있습니다.
• 불이 났을 때 소화기를 사용하면 불이 진압되는지 실험해 볼 수 있습니다.

실험 과정

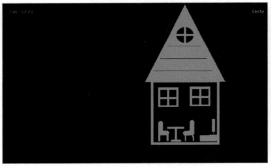

[나무집 그리기]

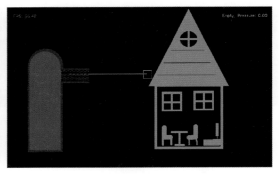

[소화기 그리기]

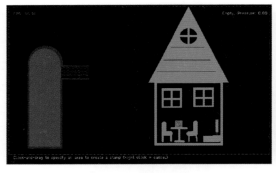

[송풍기 설치하기]

[실험하기]

실험 물질

사용 물질	물질 설명
WOOD (WOOD)	나무입니다.
CO2 (CO2)	이산화탄소입니다.
METL (METL)	메탈 그릇을 만들 수 있습니다.
▨▨▨ (FAN)	송풍기로 지정한 방향으로 가루, 액체, 기체, 에너지 입자, 압력, 중력 등을 날릴 수 있습니다.
FIRE (FIRE)	불입니다.

01 TPT 실험실

▶▶ **WOOD** (WOOD)로 불이 잘날 수 있는 나무집을 그린 후 **METL** (METL)과 ▨▨▨ (FAN)으로 소화기를 만듭니다. 그런 다음 소화기에 **CO2** (CO₂)를 가득 채운 후 집에 **FIRE** (FIRE)로 불을 붙여 송풍기를 통해 소화기에서 뿜어져 나오는 이산화탄소가 정말 불을 끌 수 있는지 실험해 봅니다.

어떻게 이산화탄소로 불을 끌 수 있을까?

화재 발생 시에는 연료, 불, 산소 이 세 가지가 필요합니다. 이중 하나라도 부족하다면 화재는 발생하지 않습니다.
화재가 발생했을 때 소화기를 분사하면 이산화탄소가 세 가지 중 한 가지인 산소 공급을 차단하므로 화재를 진압할 수 있게 됩니다.

불을 진압할 수 있는 다른 방법은 없을까?

작은 불일 경우 불이 난 곳에 많은 양의 모래를 뿌리거나 담요, 카펫 등을 덮어 산소를 차단하는 방법이 있습니다. 전기로 인해 불이 난 경우 불을 끄겠다고 물을 뿌리면 감전 사고가 있을 수 있으니 함부로 물을 뿌리면 안 됩니다.

불이 났을 때 소화기를 사용하면 화재가 진압되는지 작품을 만들어 보며 함께 확인해 봅니다.

02 파우더 토이로 화학 실험하기

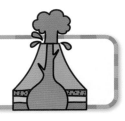

물질을 이용해서 나무집을 만들어 봅니다. 그리고 소화기를 만들어 불을 끌 수 있도록 그 안에 이산화탄소를 채워봅니다. 이제 집에 불을 붙이고 불을 진압할 때 이산화탄소가 효과적인지 확인해 봅니다.

01 나무집 그리기

❶ (파우더 토이) 아이콘을 더블 클릭하여 프로그램을 실행합니다.

❷ 우선 실험을 위해 파우더 토이 실행 창 오른쪽 하단의 재생(▮▮) 버튼을 클릭하여 물질의 이동을 멈춥니다. 나무집을 만들기 위해 [(고체)]–[WOOD (WOOD)]을 선택합니다.

❸ 브러시 크기와 모양을 변경하여 집 외부를 그려봅니다.

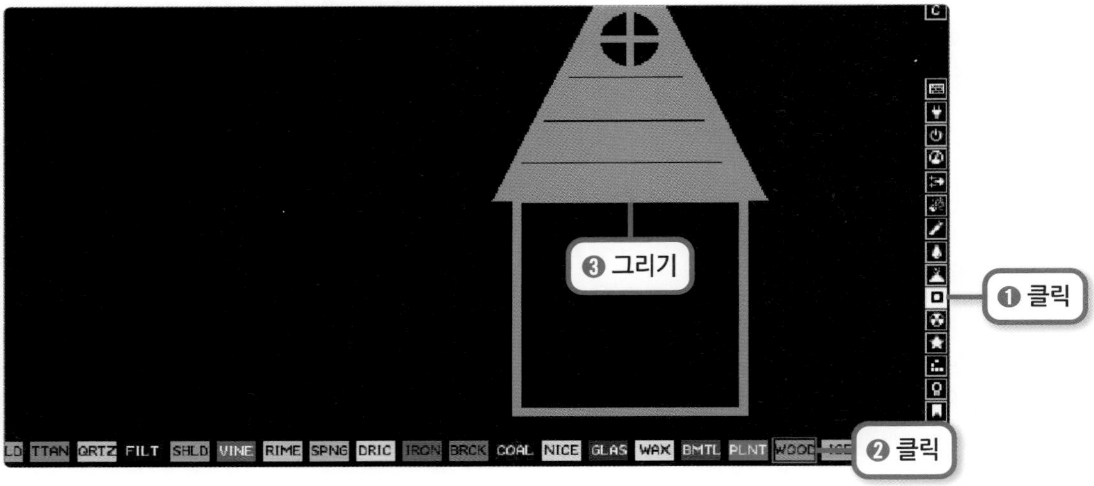

❹ 브러시 크기와 모양을 변경하여 집 내부를 그려봅니다.

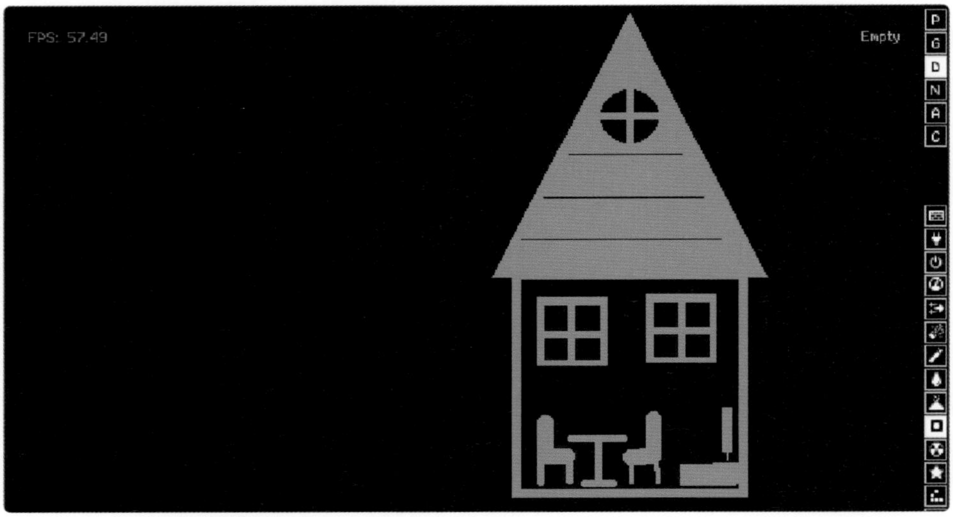

소화기 그리기

❶ 소화기를 그리기 위해 [🔌(전기)]−[METL (METL)]을 선택합니다.

❷ 브러시 크기와 모양을 변경하여 소화기를 그립니다.

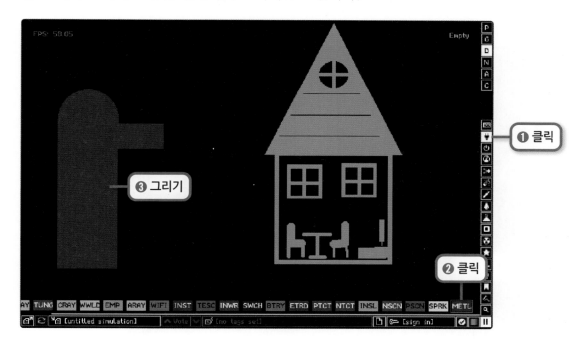

❸ 브러시 크기를 조절한 후 마우스 오른쪽 버튼을 클릭하여 소화기 안쪽에 공간을 만듭니다.

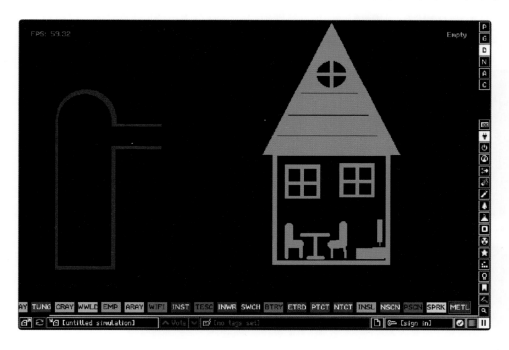

• 브러시 크기 조절 : 마우스 휠을 위나 아래로 밀기

• 브러시 모양 변경 : Tab

03 이산화탄소 채우기

1 이산화탄소를 채우기 위해 [✏ (기체)]–[■CO2■ (CO₂)]를 선택합니다.

2 브러시 크기를 조절한 후 마우스 왼쪽 버튼을 누른 채 드래그하여 소화기 안쪽에만 ■CO2■ (CO₂)를 채웁니다.

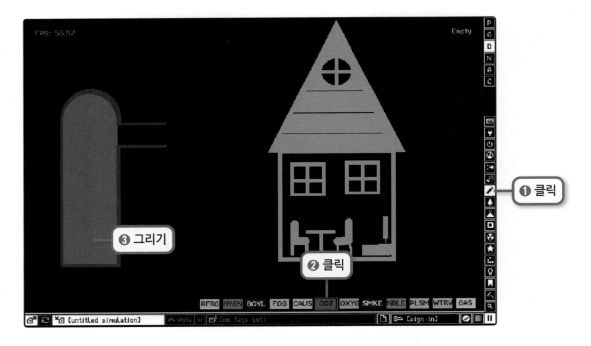

3 소화기가 작동되도록 [■ (벽)]–[▨▨▨ (FAN)]을 선택한 후 소화기 입구에 송풍기를 설치합니다.

4 송풍기의 방향을 Shift + 마우스 왼쪽 버튼을 누른 채 집 방향으로 드래그합니다.

소화기 성능 확인하기

❶ 불을 붙이기 위해 [(폭발물)]−[FIRE (FIRE)]를 선택합니다.

❷ 집 안쪽에서 마우스 왼쪽 버튼을 클릭하여 불을 붙여봅니다.

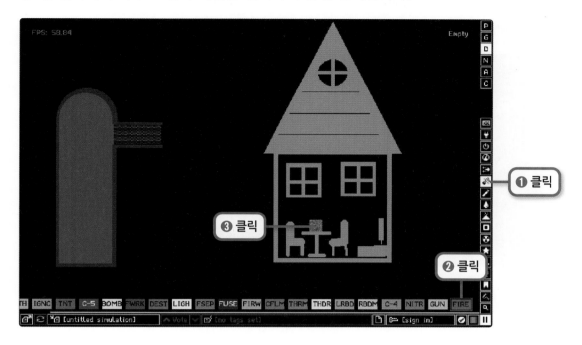

 **파일 저장하기**

키보드에서 S 를 눌러 화면이 어두워지면 저장하고 싶은 공간을 드래그합니다.

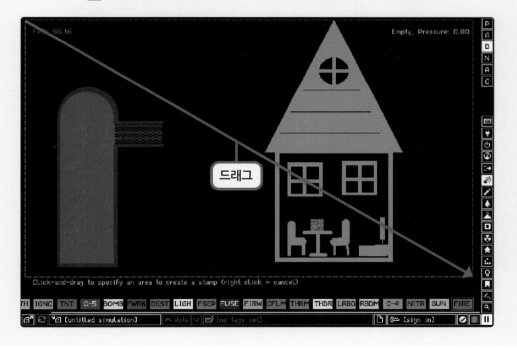

저장한 파일 불러오기

- 새 파일()을 클릭합니다.
- 키보드에서 K를 누른 후 가져올 파일을 선택합니다.
- 시뮬레이션 창으로 돌아와서 저장한 파일이 화면에 보여지면 화면을 클릭합니다.

❸ 시뮬레이션을 실행하여 이산화탄소가 잘 분사되는지 확인합니다.

❹ 불을 진압할 때 이산화탄소가 효과적인지 확인합니다.

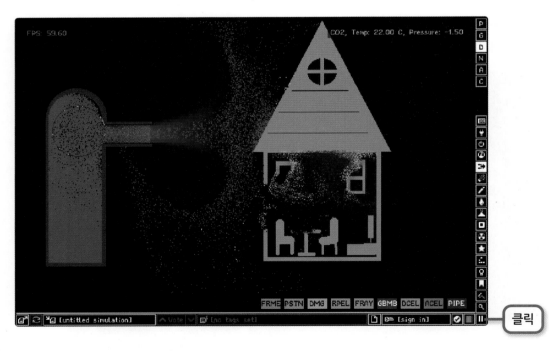

- 소화기의 거리에 따라 화재 진압 효과가 달라집니다. 화재 진압이 안 될 경우 불이 난 곳에 **CO2** (CO_2)를 직접 뿌려봅니다.
- 이산화탄소가 떨어지면 소화기 안에 이산화탄소를 계속 추가해 줍니다.

내 맘대로 실험하기

01 용암을 담고 있는 화산을 그려봅니다.

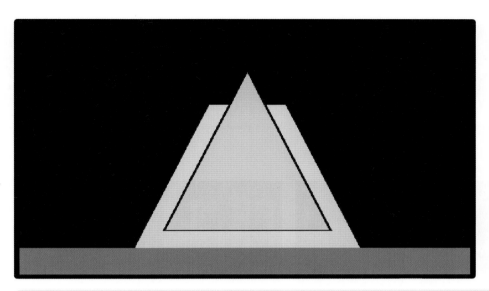

조건
- [🔲 (벽)]−[▬ (기초벽)]을 이용하여 바닥을 그립니다.
- [⛰️ (가루)]−[**SAND** (SAND)]를 이용하여 화산을 그립니다.
- [🔥 (액체)]−[**LAVA** (LAVA)]를 이용하여 산에 용암을 채웁니다.

02 화산이 터졌을 때 이산화탄소를 뿌리면 용암이 식는지 확인해 봅니다.

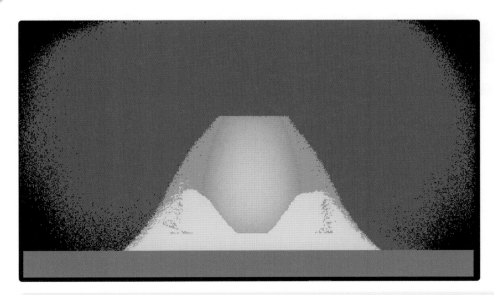

조건
- [✏️ (기체)]−[**CO2** (CO_2)]를 용암 근처에 뿌려봅니다.

24
Chapter

지하세계 탈출하기

학습내용 알아보기

- 지하세계 맵을 만들 수 있습니다.
- 지하세계에 장애물을 추가할 수 있습니다.
- 스틱맨이 장애물을 피해 지하세계를 탈출할 수 있습니다.

실험 과정

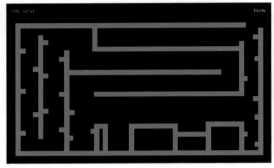

[지하세계 맵 만들기]

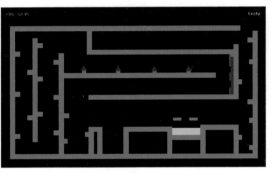

[건널목 장애물 설치하기]

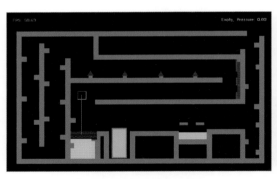

[가스 장애물 설치하기]

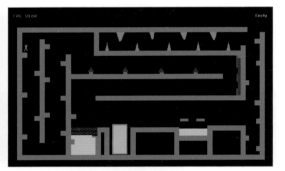

[실험하기]

실험 물질

사용 물질	물질 설명
(기초벽)	벽을 세울 수 있습니다.
OIL (OIL)	불을 피울 수 있는 연료입니다.
FIRE (FIRE)	불입니다.
METL (METL)	메탈 그릇을 만들 수 있습니다.
BTRY (BTRY)	배터리입니다.

01 파우더 토이 실험실

▶▶ 탈출하고 싶은 지하세계를 상상해 보며 그동안 알게 된 사실로 지하세계에 장애물을 설치해 봅니다. [미션]을 확인하고, 필요한 물질은 자유롭게 사용해 봅니다.

 미션을 어떻게 해결할지 스케치해 보세요.

[미션] 1. 지하세계 맵 만들기
       2. 장애물 설치하기
       3. 스틱맨으로 지하세계 탈출하기

02 파우더 토이로 화학 실험하기

▶▶ 장애물을 설치할 위치를 생각하며 지하세계 탈출 맵을 만듭니다. 그런 다음 장애물을 추가하고, 스틱맨이 장애물을 피해 지하세계를 탈출할 수 있는지 실험을 통해 확인해 봅니다.

01 지하세계 맵 만들기

❶ (파우더 토이) 아이콘을 더블 클릭하여 프로그램을 실행합니다.

❷ 우선 실험을 위해 파우더 토이 실행 창 오른쪽 하단의 재생(⏸) 버튼을 클릭하여 물질의 이동을 멈춥니다.

❸ [(벽)]－[(기초벽)]을 이용하여 맵을 완성해 봅니다.

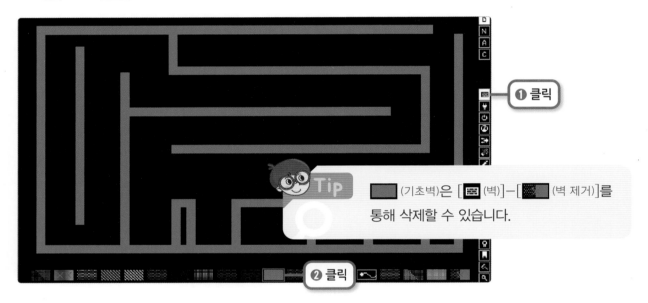

❶ 클릭

❷ 클릭

> **Tip** (기초벽)은 [(벽)]－[(벽 제거)]를 통해 삭제할 수 있습니다.

❹ 스틱맨이 이동할 수 있도록 계단을 추가합니다.

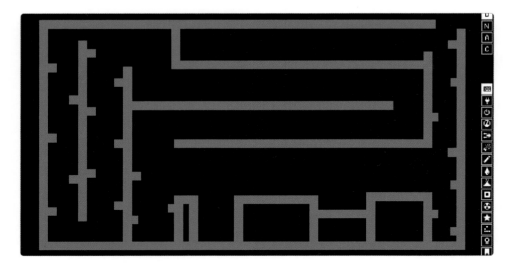

장애물 설치하기

❶ [💡(전기)]–[**METL**(METL)], [**BTRY**(BTRY)]로 전기가 통하는 장애물을 설치해 봅니다.

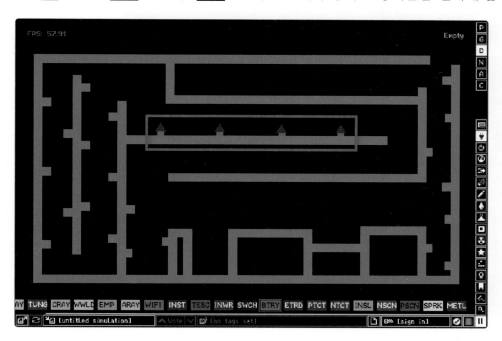

❷ [💡(전기)]–[**METL**(METL)], [**BTRY**(BTRY)], [◼(고체)]–[**GOO**(GOO)]로 피복이 벗겨진 전선을 설치해 봅니다.

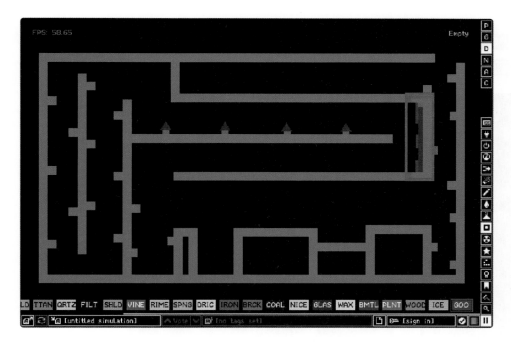

❸ [ (액체)]–[LAVA (LAVA)]로 용암을 담고, [(전기)]–[METL (METL)]로 뜨거운 다리를 설치합니다.

❹ [(툴)]–[PROP (PROP)]를 선택하여 METL (METL)의 온도를 높입니다.

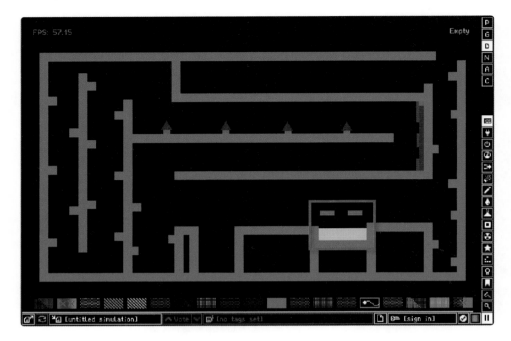

Tip

[Edit property] 창이 열리면 'temp'를 선택하고, '1000'을 입력한 후 [OK] 버튼을 클릭합니다.

❺ [(전기)]–[METL (METL)]과 [(기체)]–[GAS (GAS)]를 이용하여 가스통을 설치합니다.

❻ [(툴)]–[PROP (PROP)]를 선택하여 가스통의 온도를 높입니다.

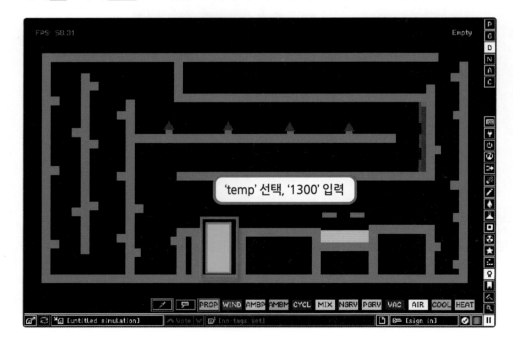

'temp' 선택, '1300' 입력

❼ [🔥(액체)]–[**LAVA**(LAVA)]와 [▦(벽)]–[▨(FAN)]으로 분출하는 용암을 설치해 봅니다.

❽ Shift + 마우스 왼쪽 버튼을 누른 채 드래그하여 송풍기의 방향을 위쪽으로 설정합니다.

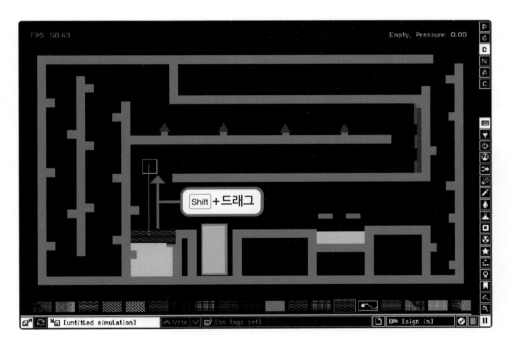

 송풍기의 방향을 설정할 때 드래그한 높이에 따라 분출되는 힘이 다릅니다.

❾ [🔌 (전기)]−[METL (METL)]과 [🔧 (툴)]−[PROP (PROP)]를 이용하여 뜨거운 가시를 설치합니다.

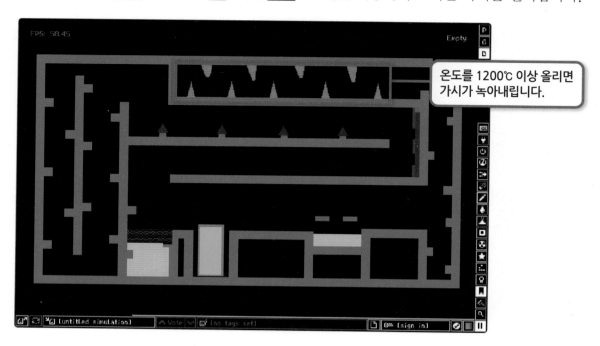

온도를 1200℃ 이상 올리면
가시가 녹아내립니다.

Tip
• [Edit property] 창이 열리면 'temp'를 선택하고, '1200'을 입력한 후 [OK] 버튼을 클릭합니다.
• 브러시 모양을 세모로 변경한 후 Ctrl 을 누른 채 마우스 휠을 돌려 브러시 높이를 조절합니다.

❿ [★ (특수)]−[STKM (STKM)]로 스틱맨을 지하세계에 추가합니다.
⓫ 시뮬레이션을 실행한 후 키보드 방향키(←, ↑, ↓, →)를 이용하여 지하세계를 탈출해 봅니다.

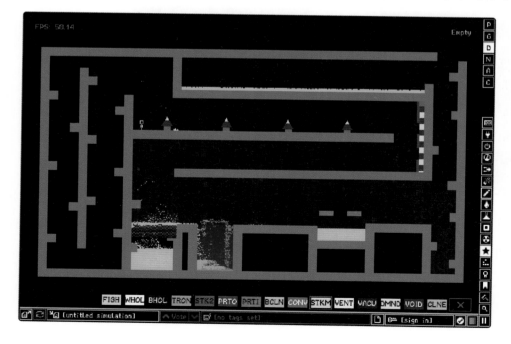

내 맘대로 실험하기

01 물질을 이용하여 총을 완성해 봅니다.

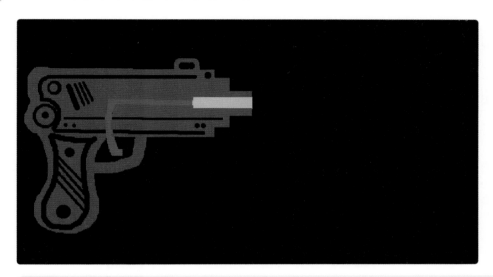

조건
- [■ (고체)]−[GOO (GOO)], [🔌 (전기)]−[ARAY (ARAY)], [PSCN (PSCN)]을 이용하여 총을 만듭니다.
- [🔧 (툴)]−[PROP (PROP)]를 이용하여 ARAY (ARAY)의 온도를 높입니다.
- 총의 무늬는 물질을 지워서 만듭니다.

02 총을 발사해 과녁을 맞춰봅니다.

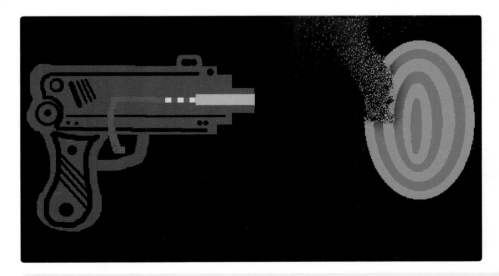

조건
- [■ (고체)]−[PLNT (PLNT)], WOOD (WOOD)]로 과녁을 만듭니다.
- [🔌 (전기)]−[SPRK (SPRK)를 이용하여 총을 발사해 봅니다.

자주 사용하는 물질 모음

🔲 [벽] 탭

- 벽 제거
- 팬-송풍기
- 액체통과벽
- 기초벽
- 가루통과벽
- 기체통과벽

🔌 [전기] 탭

- `METL` 메탈
- `SPRK` 전기
- `PSCN` P-타입 실리콘
- `INSL` 절연체
- `BTRY` 배터리
- `ARAY` 레이 이미터
  - -총을 만들 때 쓰임

💥 [폭발물] 탭

- `FIRE` 불
- `NITR` 니트로글리세린
  - -액체 폭발물
- `LIGH` 번개
- `IGNC` 도화선

✏️ [기체] 탭

- `GAS` 가스
- `CO2` 이산화탄소

🔥 [액체] 탭

- `WATR` 물
- `OIL` 기름
- `LAVA` 용암
- `DSTW` 증류수
- `SLTW` 소금물
- `DESL` 디젤

⚗️ [가루] 탭

- `DUST` 먼지
- `STNE` 돌가루
- `SALT` 소금
- `SAND` 모래
- `CLST` 점토
  - -TNT를 만들 수 있는 물질

🔳 [고체] 탭

- `GOO` 고무-찐득찐득한 것
- `ICE` 얼음
- `WOOD` 나무
- `PLNT` 식물
- `GLAS` 유리
- `BRCK` 벽돌
- `IRON` 철
- `GOLD` 금

☢️ [방사능] 탭

- `NEUT` 중성자
- `PLUT` 플루토늄
- `SING` 특이점
- `GRVT` 중력자

⭐ [특수] 탭

- `STKM` 스틱맨

🔧 [툴] 탭

- `PROP` 속성 편집 도구